Besser Reisen

Straßburg

Von Petra Klingbeil

Inhalt

MERIAN

Unsere Qualitätszeichen sind

für besonders hervorzuhebende Objekte

für Plätze, wo sich vor allem junge Leute aufhalten
oder die man ihnen empfehlen kann

Lektorat: Heide Soltau
MERIAN-Redaktion, Hamburg

CIP-Titelaufnahme der Deutschen Bibliothek

Klingbeil, Petra:
Strassburg / [von Petra Klingbeil].
– 1. Aufl. – Hamburg : Hoffmann u. Campe, 1989
(Merian : Besser reisen ; 26)
ISBN 3-455-10026-0
NE: HST; Merian / Besser reisen

1. Auflage 1989

Umschlaggestaltung: Rambow, Rambow, van de Sand
Umschlagfoto: Klaus Kallabis
Karten: Kartographie Huber, München
Satz: Utesch Satztechnik GmbH, Hamburg
Lithographie: Buss & Gatermann, Hamburg
Druck und Bindung: Druckerei Wagner, Nördlingen
Printed in Germany

Fotos: Michèle Hornecker 19, 32, 54, 66, 67; Alain Kaiser 5, 60, 72;
Klaus Kallabis 7, 8, 16, 27, 29, 30, 41, 44, 49, 64, 80;
Achim Sperber 10, 21, 38, 63, 68, 71, 77, 84, 87

Zu Gast in Straßburg

Den schönsten Fernblick auf die Stadt an der bundesdeutschen Grenze hat der Autofahrer von der französischen Seite her. Nordwestlich von Straßburg führt bei Saverne die Nationalstraße das Vogesenplateau hinunter. Auf dieser Strecke versperrt nichts den Blick auf das ehrwürdige Münster, das majestätisch aus der dunklen Silhouette der Stadt herausragt.
Zu übertreffen ist diese Aussicht nur noch durch den Anflug auf den Flughafen Entzheim. Straßburg in der Rheinebene wird umrahmt von den französischen Vogesen, dem deutschen Schwarzwald und den Schweizer Alpen im Hintergrund. Auch aus 2000 Meter Höhe wird der Blick vom Münster eingefangen und man versteht, warum das Gotteshaus im Mittelalter als achtes Weltwunder galt.
Wer allerdings mit dem Auto von der Bundesrepublik Deutschland aus die Grenze an der Europabrücke in Kehl überquert, darf sich vom ersten Eindruck nicht abschrecken lassen. Erst wenn man häßliche Vorstadtsiedlungen und Industriezonen durchfahren hat und sich als Fußgänger unter die Passanten mischt, erst dann offenbart sich der Charme der elsässischen Hauptstadt. Anpassungs- oder Sprachschwierigkeiten hat man als Deutscher kaum. Man steckt zwar mitten im französischen Einkaufstrubel, doch hier, fünf Kilometer hinter der Rheingrenze, wird der Kontrast des französischen »laisser-faire« durch die alemannische Mentalität der Elsässer abgemildert. Das Straßenbild ist ordentlich und sauber, Geranienkästen hängen an den schmiedeeisernen Balkonen der Fachwerkhäuser mit geradegezupften Gardinen in den Fenstern. Nicht zuletzt wegen des properen Eindrucks der liebevoll restaurierten Fassaden halten Vollblutfranzosen Straßburg oft für eine Stadt in Deutschland.
Das ist eine verzeihliche Bildungslücke. Seit 1870 wurde die Stadt viermal zwischen den streitenden Nachbarländern hin- und hergerissen. Die Hauptstadt des Reichslandes Elsaß-Lothringen kehrte 1918 zu Frankreich zurück, bis 1940 nationalsozialistische Truppen einmarschierten. (Auch Adolf Hitler stand vor dem Münster). Die Zwangsrekrutierung der Elsässer in die deutsche Wehrmacht brachte auch friedliche Zeitgenossen gegen die Deutschen auf. Deshalb war nach 1945 im wieder französischen Elsaß der Deutschunterricht an den Schulen verboten. Inzwischen lernt über die Hälfte der Schüler Deutsch. Doch des »Elsässerditsch«, der Regionalsprache, bedienen sich die Stadtbewohner immer weniger. Nur auf dem Land wird zu etwa siebzig Prozent der Dialekt gesprochen. Es kommt allerdings auch vor, daß Zugewanderte aus »Innerfrankreich« an der Volkshochschule in Straßburg Elsässisch-Kurse belegen, um berufliche Verständigungsschwierigkeiten zu überwinden.

Die Innenstadt wird eingerahmt von der Ill und ihren Kanälen und geprägt von gut erhaltenen mittelalterlichen Häuserfassaden. Beherrscht wird das oval angelegte Stadtgebiet von dem alles überragenden Münster. Deshalb ist der natürliche Mittelpunkt des städtischen und vor allem des touristischen Lebens der Münsterplatz. Durch die Fallwinde des 142 Meter hohen Münsterturms ist es hier auch an heißen Sommertagen angenehm kühl. Innerhalb der Ill-Begrenzung ist die Auswahl an guten Restaurants und rustikalen »Winstubs« besonders groß. Nur wenige Schritte vom Münster entfernt treffen sich die Straßburger in der populärsten und bekanntesten Weinstube, dem Hailich Graab (le Saint-Sépulcre).
In der Innenstadt sind Verwaltung, Handel und das Dienstleistungsgewerbe konzentriert. Ein neues städtisches Verwaltungszentrum (centre administratif) wurde an der place de l'Etoile an der südlichen Stadtgrenze errichtet.
Während im Stadtgebiet 250 000 Einwohner leben, umfaßt der Großraum Straßburg, die 1967 eingerichtete Communauté Urbaine de Strasbourg, 27 Gemeinden mit fast 400 000 Einwohnern auf einer Fläche von 310 Quadratkilometern. Straßburg ist Hauptstadt der Region Alsace und des Departement Bas-Rhin (Unterelsaß, Autokennzeichen 67).
Die verkehrsgünstige Lage Straßburgs »im Herzen Europas« hat die Wirtschaftsentwicklung der Stadt begünstigt. Der Hafen ist zweitgrößter Rheinhafen nach Duisburg. Zu den wichtigsten Industriezweigen gehören die Metallverarbeitung, das Bauwesen und die Nahrungsmittelproduktion. Bekannt sind die Brauereien in der angrenzenden Bierstadt Schiltigheim: Adelshoffen, Heineken, Meteor, Schutzenberger und Pêcheur (Fischer), dessen Direktor beim EG-Gerichtshof 1987 erfolgreich gegen das deutsche Reinheitsgebot klagte. Eine der größten Brauereien Europas, Kronenbourg, hat sich im gleichnamigen Vorort von Straßburg angesiedelt.
Straßburg ist Bischofssitz, hat die bedeutendste Universität Ostfrankreichs, zahlreiche Fach- und Hochschulen und wissenschaftliche Einrichtungen, von denen das CNRS (Centre National de la Recherche Scientifique) das wichtigste ist. Abwechslung bieten Theater, Oper, Kinos und ab und zu auch Rockkonzerte. Das Konservatorium hat einen guten Ruf und die Schauspielschule des Théâtre National de Strasbourg (TNS) genießt nationales Ansehen. Zur Europastadt wurde Straßburg 1949 durch die Gründung des Europarates (Conseil de l'Europe), der ältesten Staatenorganisation nach dem Zweiten Weltkrieg. Eine Woche pro Monat tagt das Europa-Parlament (Parlement Européen) der zwölf EG-Länder.

Ob beim Tanz oder Stadtbummel: das Münster ist immer dabei

Die wichtigsten Museen der Stadt sind in zehn bis fünfzehn Gehminuten vom Münster aus zu erreichen. Das prachtvolle Château des Rohan (Rohan-Schloß) an der Südseite des Münsterplatzes beherbergt das Musée des Beaux-Arts (der schönen Künste), das Musée des Arts Décoratifs (Kunsthandwerk) und das Musée Archéologique (archäologisches Museum).
Direkt neben dem Schloß ist in zwei spitzgiebeligen Fachwerkhäusern der früheren Münsterbauhütte das Musée de l'Œuvre Notre-Dame untergebracht. Hier sind die berühmten Originale der Münsterfiguren zu sehen. Drei Straßenecken weiter ist das Musée Historique (stadtgeschichtliches Museum) im Schlachthaus (grande boucherie) aus dem Jahre 1586 untergebracht. Schließlich befindet sich am gegenüberliegenden Ill-Ufer das Musée Alsacien (elsässisches Museum) mit Zeugnissen der Volkskunst aus dem 16. und 17. Jahrhundert.
L'Ancienne Douane an der Ill, das monumentale Alte Kaufhüs, war im Mittelalter eine Art Hafen in der Stadt und erinnert daran, daß der Reichtum der Straßburger auf dem Handel beruht. Hier wurden die Abgaben der Rheinschiffer kassiert. Schon der erste römische Name Straßburgs, Argentoratum, hat etwas mit Geld zu tun: (lat. argentum = Geld, Silber). Doch vom ursprünglichen Römerkastell an der Stelle des heutigen Münsters ist nichts mehr übriggeblieben. Auch nichts mehr von dem Strataburgum oder Stratisburgo (Burg an den Straßen), das die Alemannen in den Stürmen der Völkerwanderung auf den Trümmern des Kastells errichteten. Nur der Name blieb. Straßburg ist jedoch Musterbeispiel für eine organische Stadtentwicklung. Der römische Ursprung liegt im Mittelpunkt, die Erweiterungen im Lauf der Jahrhunderte gruppieren sich kreisförmig um das Zentrum. In der Altstadt drängen sich die mittelalterlichen Fachwerkhäuser aneinander, der Kreis erweitert sich auf die klassizistischen Bauten der französischen Zeit, um den Monumentalbauten des wilhelminischen Kaiserreiches Platz zu machen, denen sich die eleganten Neuschöpfungen der europäischen Institutionen am Stadtrand anschließen. Zwischen dem Römerkastell und dem Büroturm der 518 Europa-Parlamentarier liegen etwa zwei Kilometer Entfernung und 2000 Jahre Geschichte.
Die sichtbaren Spuren der Straßburger Vergangenheit beginnen mit dem 14. Jahrhundert. Das Schmuckstück der Stadt ist das Altstadtviertel La Petite France. Das alte Gerberviertel mit Handwerksbetrieben und Färbereien ist heute Sammelpunkt zahlreicher Restaurants und Antiquitätengeschäfte. Im Gegensatz dazu bleibt das Altstadtviertel Krutenau, die ehemalige Kräuterau der Fischer und Gärtner, am Rande des Touristenstroms. Hier haben sich Lokale, Bars und einige der besten Restaurants der Stadt etabliert. Sie sind Treffpunkt von Einheimischen, Jugendlichen und Studenten.

La Petite France, das ehemalige Viertel der Gerber und Müller

Östlich der Innenstadt erstreckt sich das Universitätsgelände (Centre Universitaire), das zum Esplanade-Viertel gehört. Die Siedlung wurde Anfang der sechziger Jahre als »Klein-New-York« konzipiert und besteht aus monotonen Wohnsilos mit bis zu siebzehn Stockwerken. An der Universität studieren 35 000 Studenten, von denen 4000 aus dem Ausland kommen. Louis Pasteur, der Besieger der Tollwut, hat hier gelehrt, und 1987 wurde ein ehemaliger Student der Universität, Jean-Marie Lehn, mit dem Nobelpreis für Chemie ausgezeichnet. Auch Goethe hat in Straßburg studiert und hier sein juristisches Abschlußexamen abgelegt.

Das europäische Viertel Straßburgs beginnt an der breiten allée de la Robertsau am nordöstlichen Stadtrand, die in die avenue de l'Europe mündet. Der mattsilbern glänzende quadratische Bau des Palais de l'Europe ist ständiger Arbeitsplatz von 850 europäischen Beamten aus 21 Mitgliedsländern des Europarates. Daneben, wesentlich unscheinbarer, liegt das Menschenrechtsgebäude (Droits de l'Homme) mit der Kommission und dem europäischen Gerichtshof für Menschenrechte. Beide Institutionen wachen über die Einhaltung der Grundrechte in Europa. Hinter dem Europarat, am Ufer der Ill, wurden 1985 in Rekordzeit die Bürogebäude für die neuen EG-Mitglieder Spanien und Portugal hochgezogen. Dem Europarat gegenüber verlockt die herrliche Parkanlage der Orangerie mit ihren alten Blutbuchen, Eichen und Platanen die europäischen Beamten

zu entspannenden Mittagspausen. In einem Freigehege am künstlich angelegten See des Parks leben und nisten die Störche, die elsässischen Nationalvögel. Durch den Zwangsaufenthalt in der kalten Heimat während der ersten beiden Lebensjahre wird diesen Zugvögeln der jährliche Drang nach Nordafrika ausgetrieben. Doch Kälte schadet ihnen nicht, nur Futtermangel treibt sie fort. Da sie in der Orangerie aber gut ernährt werden, drehen die schwarz-weißen Segler zufrieden ihre Flugrunden über dem Europarat.
Weiter stadtauswärts, im Wohn- und Gartenviertel Robertsau, liegt ein beliebtes Flaniergebiet: das Château de Pourtalès. Die Residenz der Adelsfamilie aus dem 19. Jahrhundert inmitten einer großzügigen Parkanlage grenzt an ein Waldgebiet nahe des Rheinufers.
Wie begegnet der deutsche Urlauber den Einheimischen, mit denen er bei seinen Streifzügen in Kontakt kommt? Am besten, indem er sie auf Französisch anspricht – vorsichtshalber, denn nicht alle Elsässer sprechen Elsässerditsch. Das höfliche Bemühen um die Sprache des Nachbarn wird auf jeden Fall honoriert. Der so Angesprochene wechselt dann vielleicht rasch ins Deutsche. Wer jedoch davon ausgeht, im Elsaß selbstverständlich Deutsch sprechen zu können, stößt möglicherweise auf taube Ohren, besonders bei Vertretern der älteren Generation. Elsässer sind schließlich Franzosen. Der Zeitgeist hat die dunklen Spuren der Kriegsgeschichte überwunden. Die Mentalität der Elsässer ist von ihrer ländlichen Umgebung geprägt. Hinzu gesellt sich eine konservative Grundhaltung. Bei der Wahl des Staatspräsidenten im Mai 1988 haben fast 22 Prozent der Elsässer beim ersten Wahlgang ihre Stimme dem rechtsradikalen Kandidaten Jean-Marie Le Pen gegeben, sieben Prozent mehr als im nationalen Durchschnitt. Dieses Ergebnis entsprach nicht so sehr ausgeprägter Ausländerfeindlichkeit als vielmehr der Sorge um Recht und Ordnung. Wirtschaftlich haben die Elsässer kaum zu klagen. In der Region herrscht die niedrigste Arbeitslosenrate Frankreichs (1988: 7,8 Prozent – Frankreich: 11 Prozent), was unter anderem an den 39 000 Grenzgängern liegt, die täglich in die Bundesrepublik und die Schweiz zur Arbeit fahren.
Der typische Straßburger ist ein ehrbarer Händler, Unternehmer oder Geschäftsmann, der seinen Betrieb sparsam, umsichtig und mit Sorgfalt führt. Risikofreude zählt nicht gerade zu seinen hervorstechenden Eigenschaften, schließlich lebt er nicht nur für die Arbeit. Es muß immer Zeit bleiben für ein gemütliches Abendessen in fröhlicher Runde und ohne Streß. Ein gutes Mahl in einem gepflegten Restaurant gehört zu den Lieblingsbeschäftigungen der Stadtbewohner.

Bogenfeldrelief am mittleren Portal des Münsters

Treffpunkte

Wichtigster Open-air-Treffpunkt, allerdings eher tagsüber als spätabends, ist der Münsterplatz (Kopfsteinpflaster, schlecht für hohe Absätze). Hier sorgen im Sommer Musikantengruppen für ausgelassene Stimmung, bieten Porträtmaler ihre Dienste an und geben Pantominen teilweise beachtliche Vorstellungen. Inmitten des bunten Treibens begegnen Ihnen Flüchtlinge aus afrikanischen Ländern, die sich durch die Menschentrauben schlängeln und mit Ledergürteln und selbstgebasteltem Schmuck ein wenig Geld zu verdienen versuchen. Hier herrscht ein babylonisches Sprachgewirr. Das Spektrum der Touristen reicht von Japan über die Sowjetunion bis nach Nord- und Südamerika. Was Europa betrifft, so dominieren verständlicherweise die deutschen Nachbarn.
Vor den zahlreichen Cafés und Restaurants am Münsterplatz sitzt man auf mehr oder weniger bequemen Stühlen bei mehr oder weniger gutem Kaffee und beobachtet die Passanten. Den besten Überblick über das Geschehen hat man von der Terrasse des Restaurants Kammerzell, des schönsten Fachwerkhauses der Stadt an der Ecke zur rue des Hallebardes. An den weißgestrichenen Eisentischen schmeckt der etwas teurere Kaffee wirklich gut, außerdem kann man sinnierend an der Münsterfassade hochblicken. Nur einige Schritte weiter, gleichfalls in der Fußgängerzone, liegt die wohl berühmteste Winstub der Straßburger, das »Hailich Graab« (le Saint-Sépulcre). Sie wird vorwiegend von elsässischer Stammkundschaft bevölkert, die sich hier zu einem Glas Edelzwicker und einem kleinen Imbiß trifft. Das preiswerte »Palais de la Glace« an der Ecke der rue des Hallebardes ist vornehmlich Treffpunkt der Jugend ebenso wie das Arcaden-Café »Montmartre« am Pont du Corbeau. Studenten begeben sich zum Frühstück und zur Zeitungslektüre gern in die hallenähnliche »Cafeteria« an der place de l'Université. Schön kann man den Raum mit den großen Fenstern und den Kantinentischen zwar nicht nennen, aber Kaffee, croissants und frisch gepreßter Orangensaft sind von bester Qualität. Beliebter Treffpunkt der Straßburgerinnen zum nachmittäglichen Plausch ist die »Patisserie Olivier«. Torten und die elegante Innenausstattung machen den Besuch zum Augen- und Gaumenschmaus. Hausfrauen gehen nach dem Einkaufen gern in die im elsässischen Stil eingerichtete »Patisserie Winter« oder »Chez Suzel« in la Petite France.
Die Kanalpromenaden von der Rabenbrücke bis hin zur Petite France sind Treffpunkte für Angler, Verliebte und Anwohner, die dort ihre Hunde spazieren führen. Diese Spaziergänge dicht am

Treffpunkt nach dem Stadtbummel: am alten Zollhaus

Wasser entlang haben einen eigenen Charme. An schönen Sommertagen, wenn der Wind leise durch die Bäume streicht, ist es hier angenehm ruhig, denn die Kanalwege sind selten übervölkert.
Im Gegensatz dazu ist die Altstadt La Petite France das klassische Touristenzentrum. Einen friedlichen Ausblick über das Viertel bis hin zum Münsterturm bietet jedoch die Panoramaterrasse des Barrage Vauban, dem Verteidigungswehr aus dem 17. Jahrhundert. Ein wahrhaft lauschiges Örtchen in La Petite France ist das Restaurant »Argentoratum«. Direkt am Ill-Kanal gelegen hat es eine kleine, von einer Trauerweide überschattete Terrasse, an der die Touristenboote vorbeischippern. Die Küche ist zwar einfach, dafür sind Aussicht und ruhige Atmosphäre hier ein Hochgenuß.
Hundertprozentig elsässisch geht es in der »Choucrouterie« (Sürkrütstub) im Viertel Finkwiller zu, dem Restaurant-Theater des berühmten Straßburger Liedermachers Roger Siffer. In diesem Theater, das der engagierte Musikant in den Räumlichkeiten einer ehemaligen Sauerkrautfabrik eingerichtet hat, kommt regionale Kleinkunst zur Aufführung. Hier trifft sich, wer in der Kulturszene mitmischt. Gepflegt werden diese Traditionen auch im »Cheval Blanc« in Schiltigheim. Klein, aber fein ist der neu erbaute Theatersaal des »Weißen Rössls« mit 170 Plätzen, wo Kabarett, Theater- und Musikvorstellungen stattfinden. Vor- oder nachher kann man in der rustikalen Wirtsstube unter mächtigen Deckenbalken und hinter rot-weiß karierten Gardinen alle Schiltigheimer Biere durchprobieren. Künstler und Theaterleute treffen sich abends gern in der Winstub »Au Coin des Pucelles«.
Für spätabendlichen Trubel und Unterhaltung ist das Krutenau-Viertel bestens geeignet. In den letzten Jahren sind viele sympathische Bars, Kneipen, Pinten und Restaurants in die alten Fachwerkhäuser gezogen. Hier treffen Sie vorwiegend Einheimische. Dabei sollten Sie sich die rue Sainte-Catherine und die rue de la Krutenau um die Ecke besonders merken. Auch hinter der Kathedrale sind die Straßen zu später Abendstunde noch belebt. Man braucht nur die rue des Frères bis zur place St. Etienne entlangzulaufen oder rechts und links in eine der Seitengassen einzubiegen.
Ein Treffpunkt vieler Nationalitäten ist der Wochenmarkt, der Marché du Boulevard de la Marne. Arabische, türkische und jüdische Händler verkaufen frische Minze und orientalische Gewürze, Zigeuner bieten Lederwaren und Teppiche feil und Vietnamesen geben zu ihren Frühlingsrollen Sojasosse in Plastiktüten mit. Direkt vom elsässischen Bauern kommen biologisch reines Brot und Milchprodukte, und Gänse- und Entenleber sind zu Sonderpreisen zu erstehen. Das Gedränge ist dicht und bunt, denn der nordafrikanische Arbeiter kauft hier genauso gern wie der Europaratsbeamte. Straßburger auf der Suche nach Second-hand-Kleidung, Sammler

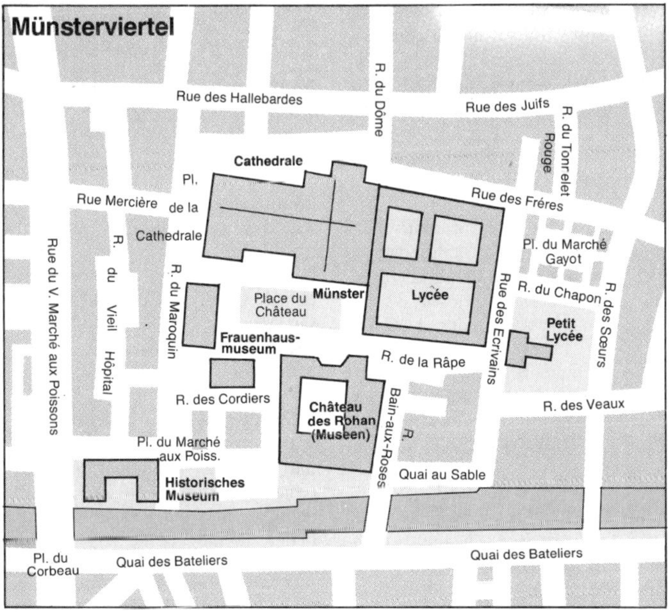

Plan des Münsterviertels

von Kuriositäten und antiquarischen Büchern (auch deutschen) treffen sich samstags zum Flohmarkt auf der place de la Grande Boucherie vor dem Musée Historique. Das größte Gedränge herrscht im Dezember auf dem Weihnachtsmarkt (Christkindelsmärik) an der place Broglie, einem der ältesten in Europa. Die Auswahl an Christbaumschmuck ist ungeheuer, und ausgesucht schön ist das qualitätskontrollierte Kunsthandwerk.

Es gibt kaum Straßburger, die dem Schicksal ihres Fußballvereins Racing-Club de Strasbourg gleichgültig gegenüberstehen. Höhen und Tiefen des Vereins, der zeitweilig von einem deutschen Trainer getrimmt wurde, wecken tiefempfundene Anteilnahme. Wenn ein wichtiges Match ansteht, sind die 42 000 Plätze des 1984 erbauten Fußballstadions de la Meinau regelmäßig ausverkauft. Hier entlädt sich der Lokalpatriotismus in voller Lautstärke.

Barrage Vauban Die Panoramaterrasse auf dem Verteidigungswehr ist ein beliebter Treffpunkt für Verliebte und Philosophen. Der Ausblick über das Altstadtviertel La Petite France bis hin zum Münsterturm verleitet zu Träumereien. Erstaunlicherweise ist die Terrasse kaum von Touristen überlaufen.
Terrasse Panoramique
La Petite France
Eintritt 2 F

Café Montmartre In diesem Café unter den Arkaden an der Rabenbrücke sitzen hauptsächlich Jugendliche und Studenten, die bei Kaffee und croissants die Passanten beobachten.
1, place de la Grande-Boucherie
So u. Mo geschl.

Cafeteria An den Kantinentischen dieses etwas kahlen Saales treffen sich am Vormittag die Studenten, die entweder Zeitung lesen, Vorlesungen nacharbeiten oder heftig debattieren. Im Sommer werden der ausgezeichnete Kaffee und frischgepreßter Orangensaft auch auf der Terrasse serviert.
Place de l'Université
So geschl.

Chez Suzel Im Herzen der Altstadt La Petite France begegnet man in dieser elsässisch eingerichteten Teestube genießerischen Straßburgerinnen, die sich mit großer Konzentration den auserlesenen Tortenstücken widmen.
2, rue du Moulin
Ecke rue du Bain-aux-Plantes
So u. Mo geschl.

Flohmarkt Zwischen alten Möbeln, Büchern und Dekorations-Nippes aus Omas Wohnzimmerschrank stöbern Liebhaber von Antiquitäten ebenso wie Jugendliche mit schmalem Geldbeutel auf der Suche nach preisgünstiger Secondhand-Kleidung.
Mi u. Sa. vorm.
Place de la Grande-Boucherie

Le Maillon de Strasbourg Modernes Kulturzentrum, das innerhalb kurzer Zeit zu einem beliebten Treffpunkt avancierte. Theater, Kino, Ballett und Konzert und Literatur, hier wird alles geboten und in einer Weise präsentiert, die besonders Jüngere anspricht.
12, place André Maurois
Auskunft Di–Fr 10–12, 14–19 Uhr
Tel. 88 26 12 66 und 88 26 16 55

Maison Kammerzell In dem ehrwürdigen Restaurant mit historischen Wandmalereien treffen sich traditionsbewußte Straßburger Bürger und Geschäftsleute ebenso wie Touristen zum gemütlichen Essen. Auf den weißlackierten Eisenstühlen der Terrasse haben Sie einen guten Überblick über den Trubel auf dem Münsterplatz und auf die Fassade der Kathedrale.
16, place de la Cathédrale
Mi geschl.

Palais de la Glace Beliebter Treffpunkt für Jugendliche, Ausländer und Stammgäste aus der Nachbarschaft. Weil dieses Café an einer strategisch günstigen Straßenkreuzung in der Fußgängerzone liegt, verbringen manche hier ganze Nachmittage, weil bestimmt ein Bekannter vorbeiläuft, der sich zu einem Kaffee oder Bier an den Tisch setzt.
13, rue des Hallebardes
Tgl. geöffnet

Patisserie Olivier Gehört zu den feinsten Konditoreien der Stadt. In dem vornehm eingerichteten Saal treffen sich feine Straßburgerinnen zum vertraulichen Nachmittagsplausch über Ehemänner, Kinderprobleme und die Nachbarschaft.
5, rue de la Mésange
Tgl. geöffnet

Patisserie Winter Diese Konditorei, die auch kleine Mittagsmahlzeiten anbietet, ist aufgrund ihrer Lage in einer belebten Einkaufsstraße ein häufiger Treffpunkt für Hausfrauen nach dem Einkauf und für benachbarte Geschäftsleute während der Mittagspause. Ein Besuch lohnt sich allein wegen der traditionell elsässischen Inneneinrichtung.
25, rue du 22 Novembre
So geschl.

Restaurant »Argentoratum« Romantiker und Ruhesuchende sind von der Terrasse dieses Speiselokals am Ill-Ufer begeistert. Man sitzt unter einer Trauerweide abseits vom Trubel und hat einen herrlichen Blick über das Wasser. Im Gegensatz dazu wird die Küche nur bescheidenen Ansprüchen gerecht.
14, rue du Bain-aux-Plantes
Tgl. geöffnet

Restaurant-Theater »La Choucrouterie« Das Lokal des Regionalbarden Roger Siffer ist der »In«-Treffpunkt der lokalen Kulturszene. Es befindet sich in einer ehemaligen Sauerkrautfabrik in Finkwiller. Den bärtigen Roger erkennt man an seiner heiseren Stimme. Hier wird in stilechtem Rahmen bei deftiger Elsaß-Kost viel gelacht und Musik gemacht.
20, rue St. Louis
Finkwiller
Tgl. geöffnet

Restaurant-Theater »Le Cheval Blanc« Nach einer Kabarett- oder Theatervorstellung versammeln sich Künstler und Zuschauer an den Holztischen des urigen Lokals. In der rustikalen Wirtsstube mit rotweiß-karierten Gardinen trifft man auch viele Nachbarn aus dem Viertel, die die Schiltigheimer Biere zu schätzen wissen.
25, rue Principale
Schiltigheim
Mo geschl.

Stade de la Meinau Die Fußballbegeisterung der Straßburger vereint alle Bevölkerungsschichten. Bei wichtigen Spielen des Fußballclubs Racing de Strasbourg ist das 1984 erbaute Stadion bis auf den letzten seiner 42 000 Plätze von Freundescliquen besetzt, die die Leistungen auf dem Spielfeld mit lautstarker Anteilnahme kommentieren.
12, rue Extenwoerth
Strasbourg-Meinau
Tel. 88 34 12 18
Bus 6, 16, 26

Winstub »Au Coin des Pucelles« In dem schmalen Gastraum begegnet man gelegentlich nach den Abendvorstellungen Künstlern und Theaterleuten, die sich die regionalen Spezialitäten schmecken lassen.
12, rue des Pucelles
So geschl.

Winstub »Hailich Graab« (le Saint-Sepulcre) In dieser typischen Weinstube mit großer Tradition treffen sich alteingesessene Straßburger ebenso wie Touristen, die das lokale Lebensgefühl hautnah erleben wollen. An den Holztischen kommt man bei Wein und einem kleinen Imbiß schnell ins Gespräch.
15, rue des Orfèvres
So u. Mo geschl.

Weihnachtsmarkt Der Christkindelsmärik, einer der ältesten in Europa, lockt ganz Straßburg an. Besonders die Kinder sind von einem abendlichen Gang über den Markt mit seinem Lichterglanz und dem Duft von Bratäpfeln und Naschereien restlos begeistert. Die Auswahl an originellem Kunsthandwerk ist groß, die an Christbaumschmuck geradezu gigantisch.
1. bis 24. Dezember
Place Broglie

Wochenmarkt Araber, Zigeuner, elsässische Bauern und Italiener bieten Frischgemüse, Biokost aus Eigenproduktion, Kleidung und Gemischtwaren an. Ebenso international wie die Verkäufer sind die Marktbesucher. Arabische und indische Hausfrauen kaufen hier ebenso gerne ein wie die Beamten des Europarates.
Boulevard de la Marne
Di u. Sa 8–13 Uhr
Bus 2, 12, 15

Sehenswürdigkeiten

In diesem Kapitel werden nicht nur die »klassischen« Sehenswürdigkeiten vorgestellt. Wir haben auch zeitgenössische Einrichtungen ausgewählt, die nicht zum üblichen Touristik-Programm gehören. Unserer Meinung nach macht erst die Verbindung von Alt und Neu das Gesamtbild einer Stadt aus. Schließlich gehören zum Straßburger Leben der Gegenwart neben den historischen Bauwerken auch der Hafen, die Bierbrauereien und das Rundfunkhaus.
Die Auswahl der Sehenswürdigkeiten konzentriert sich allerdings auf die lohnendsten Anlagen und Monumente, denn in Straßburg hat fast jedes Haus eine eigene Geschichte, die sich in verspielter Architektur, Fassaden-Aufsätzen oder reichen Verzierungen äußert. Außerdem fällt dem aufmerksamen Besucher bei all seinen Rundgängen auf, daß in Straßburg die meisten Straßennamen ein Stück Geschichte erzählen. Sie erinnern an historische Persönlichkeiten, mittelalterliche Berufsstände oder architektonische Besonderheiten. Obwohl die historische Bausubstanz Straßburgs im Vergleich zu deutschen Städten kaum durch kriegerische Verwüstungen gelitten hat, beklagen engagierte Denkmalschützer den fortschreitenden Abriß erhaltenswerter Gebäude durch die profitorientierte Bauwirtschaft, die viele alte Häuser willkürlich durch Büro- und Wohnblocks ersetzte. Das regionale Amt für Denkmalschutz muß jedoch mit den verfügbaren Finanzmitteln Schwerpunkte setzen, und für die geschützten Gebäude eine Verwendung finden. Die staatlichen Denkmalhüter »können nicht aus jedem Haus ein Museum machen«. Die größten Summen verschlingen die ständigen Restaurierungsarbeiten des Münsters. Doch auch im historischen Stadtkern um die Kathedrale herum und in der Altstadt La Petite France hat man die Vergangenheit größtenteils intakt gelassen und den Fassaden mit frischem Putz neuen Glanz verliehen.

Aussichtspunkte

Münsterturm 330 Stufen führen bis zur 66 Meter hohen Plattform der Kathedrale. Der Blick reicht weit über die Rheinebene, westlich und nördlich zu den Vogesen, östlich zum Schwarzwald und südlich bis zum Kaiserstuhl und Jura. Einzigartig ist die Gesamtansicht über das spitzgiebelige Dächergewirr der Altstadt. Die unzähligen Dachluken dienten ehemals als Vorratskammern, da aufgrund einer mittelalterlichen Verordnung jedes Haus für den Kriegsfall Lebensmittel für ein Jahr einlagern mußte. Der neben der Plattform aufsteigende 142 Meter hohe Nordturm ist nicht zugänglich.
Tgl. 9–18 Uhr
Eintritt: 7 F

Zieht den Blick unwiderstehlich gen Himmel: Das Münster von der rue Mercière aus gesehen

Terrasse Panoramique du Barrage Vauban (Schöner Blick auf die vier Stadttürme der Ponts Couverts (gedeckten Brücken) im Vordergrund, auf die Altstadt La Petite France und die Kirche St. Thomas bis hin zum Münsterturm. Der düstere Komplex nördlich vom Vaubanwehr am Kanalufer ist das Frauengefängnis. Der Meister-Ingenieur des Sonnenkönigs Ludwig XIV., Sébastien Le Prestre Marquis de Vauban (1633–1707) hat das Wehr als Teil seiner Verteidigungsanlage Ende des 17. Jahrhunderts konzipiert. Durch die Schleusentore konnte das Wasser gestaut und um den südlichen Verteidigungsgürtel der Stadt geleitet werden. Die Terrasse ist jung, sie stammt aus dem Jahr 1967.
Place du Quartier Blanc
Tgl. 9–22 Uhr
Eintritt: 4 F
Bus 10

Brauereien

Brasserie Kronenbourg Knapp 3000 Angestellte arbeiten in dieser Brauerei, die zu den größten Europas zählt und mit einem Marktanteil von 47 Prozent die Nummer eins im Weinland Frankreich ist. 1987 hat Kronenbourg über elf Millionen Hektoliter Bier produziert und einen Umsatz von 1,7 Milliarden Mark erzielt.
Führungen Mo bis Fr, im Sommer mehrmals tägl. (9, 10, 14 u. 15 Uhr). Gruppenführungen Tel. 88 27 41 58/59 – route d'Oberhausbergen – Cronenbourg
Bus 7, 38

Brücken

Drehbrücke Der kleine Fußgängersteg über den Ill-Kanal in La Petite France wurde 1880 anstelle einer Hebebrücke aus Holz gebaut. Während sie früher mit einer Kurbel in Fließrichtung gedreht werden mußte, genügt heute ein Knopfdruck, um die Touristenboote passieren zu lassen.
Rue des Moulins, Ecke Rue du Bain-aux-Plantes
La Petite France

Pont de l'Europe (Europabrücke) Führt bei Kehl über den Grenzfluß Rhein, ist 245 Meter lang und stammt aus dem Jahr 1960. Sie ist wichtigstes Nadelöhr für iberische Obst- und Gemüse-Exporte in die übrigen EG-Länder. Verkehrsstaus entstehen häufig an Wochenenden und im Berufsverkehr der Grenzgänger (morgens zwischen 8 und 9, abends gegen 18 Uhr), werden jedoch eher durch Ampelanlagen als durch Zöllnerkontrollen verursacht.

Pont Couverts (Gedeckte Brükken) Überreste der Stadtmauer aus dem 14. Jahrhundert spannen sich über die Illarme. Früher versperrten sie mit Fallgattern den Eingang von Straßburg. Die drei ursprünglich gedeckten Holzbrücken wurden im 19. Jahrhundert aus Stein neugebaut. Die drei Türme dienten bis 1832 als Gefängnis.
Place Henri Dunant
La Petite France

Pont du Corbeau Über die »Schintbrück« fährt der aus Deutschland kommende Autofahrer zum Münster. Früher wurden hier Verbrecher hingerichtet. Väter-, Kindesmörder und ehebrecherische Weiber nähte man lebend in einen Sack und warf sie in die Ill. Weinfälscher und betrügerische Händler steckte man in Käfige und hing sie in die stinkenden Abwässer der angrenzenden Grande Boucherie (Schlachthaus), die heute das historische Museum beherbergt.

Denkmäler

Aquädukt Das Denkmal zur 2000-Jahresfeier der Stadt Straßburg wurde im Jubeljahr 1988 eingeweiht. Der Entwurf des Aquäduktes mit dem doppelgesichtigen Januskopf im Brunnenbecken stammt von dem Straßburger Karikaturisten Tomi Ungerer. Das fünf Meter hohe und sechs Meter breite Sinnbild der »Geburt der Zivilisation« wurde aus 5000 handgemachten Ziegeln gemauert. Den 1,50 Meter hohen bronzenen Januskopf, Symbol der elsässischen Geschichte zwischen Deutschland und Frankreich, hat der Bildhauer Denis Roth geschaffen.
Ecke place Broglie, quai Schoepflin

Arp Skulpturen An der avenue du Général de Gaulle, im modernen Universitäts- und Wohnviertel Esplanade, stehen seit 1965 drei Stein- und Bronze-Skulpturen des 1887 in Straßburg geborenen Malers und Bildhauers Jean Hans Arp, der die Dada-Bewegung mitbegründete. Sein Geburtshaus (Nr. 52, rue du Vieux-Marché-aux-Poissons) ist mit einer Tafel gekennzeichnet.

Goethe-Denkmal Vor dem Hintergrund der Alten Universität steht das Goethe-Denkmal aus dem Jahr 1904. Das Werk des Bildhauers Waegener erinnert an Goethes Aufenthalt 1770–1771, als der 21jährige in Straßburg Rechtswissenschaft studierte und die Lizentiatenwürde erwarb. Er bewohnte das Haus Nr. 36, rue du Vieux-Marché-aux-Poissons, wo ein Bronzemedaillon angebracht wurde.

Gutenberg-Denkmal Der Mann, der die Buchdruckerkunst nach Straßburg brachte und hier von 1439 bis 1444 lebte, steht in der Mitte des gleichnamigen Platzes unweit des Münsters. David d'Angers hat die Bronzestatue 1840 geschaffen. In der Hand hält Gutenberg ei-

Die kleine Drehbrücke im Gerberviertel La Petite France

ne Seite der Bibel mit der (früher deutschen, heute französischen) Inschrift »und es war Licht«.

Kellermann-Denkmal Dem Sieger von Valmy (1792) wurde am Rande der place Broglie neben dem Offizierskasino ein Bronze-Denkmal gesetzt. Der Marschall, der mit großer Geste seinen Hut schwenkt, wurde 1735 in der nahe gelegenen rue Brûlée geboren.

Kléber-Denkmal Dem Befehlshaber der ägyptischen Armee hat Philippe Grass 1840 in der Mitte des gleichnamigen Platzes ein Bronze-Denkmal gesetzt. Den in Straßburg geborenen General hat ein ägyptischer Nationalist 1800 in Kairo ermordet. Die Statue, die die Nationalsozialisten 1940 abmontierten, wurde 1945 wieder an ihren angestammten Platz gesetzt.

Leclerc-Obelisk Der 1951 von Saupiqué errichtete Obelisk auf der place Broglie vor dem Stadttheater erinnert an General Leclerc, der Straßburg am 23. November 1944 befreite.

Totenmonument In der Mitte der place de la République steht das wohl symbolträchtigste Monument der Stadt, das Denkmal für die Gefallenen des Ersten Weltkriegs. Es wurde 1936 von Léon Drivier errichtet. Eine Mutter, Straßburg, beweint die auf ihren Knien liegenden toten Söhne. Der eine starb als deutscher Soldat, der zweite im französischen Heer, doch im Tod reichen sie sich versöhnlich die Hände.

Züricher Brunnen Seit 1884 erinnert dieser Brunnen in der Krutenau an die berühmte »Hirsefahrt« der Züricher Bürger im Jahr 1576. Die Schweizer wollten ihren Verbündeten beweisen, daß sie im Notfall so schnell herbeieilen könnten, daß ein heißer Brei noch warm in der Stadt ankäme. Auf den damals noch wilden Flüssen Limmat, Aare und Rhein brachten die Schiffer einen großen Topf Hirsebrei nach Straßburg, den sie in heißem Sand vergraben hatten. Nach 17 Stunden Fahrt soll der Brei bei der Ankunft tatsächlich noch warm gewesen sein.
place du Pont-aux-Chats/rue de Zürich

Europa in Straßburg

Conseil de l'Europe (Europarat) Die älteste und größte Staatenorganisation Westeuropas (1949 gegründet) hat ihren Sitz in dem wuchtigen, quadratischen Bau am nordöstlichen Stadtrand. Das Palais de l'Europe wurde 1972–1977 von dem Architekten Henry Bernard für 100 Millionen Mark erbaut. Beeindruckend wirken die 38 Meter hohen Schrägwände aus Aluminium und Glas auf einem Fundament aus rotem Vogesensandstein. Der Runderker rechts vom Haupteingang ist der Sitzungssaal der 21 Außenminister der Staatenorganisation. 850 Beamte aus 21 Mitgliedsländern sind hier tätig. Zu ihren wichtigsten Aufgaben gehören der Schutz der Menschenrechte, die Ausarbeitung europäischer Konventionen, Sozial- und Kulturpolitik. Zu den 21 Mitgliedsländern von Island bis zur Türkei sollen 1989 Finnland und San Marino hinzukommen. Drei Wochen im Jahr (Januar, Mai, Oktober) tagt in dem halbrunden Plenarsaal die Parlamentarische Versammlung, die aus 170 Abgeordneten der Mitgliedsländer zusammengesetzt ist. Im Gegensatz zu der monumentalen Architektur hat der Europarat ein geringes politisches Gewicht, weil die Versammlung nur Empfehlungen aussprechen und keine bindenden Beschlüsse fassen kann.
Gruppenführungen mit Vorträgen

Sitzungssaal des Europarats: ein Monument zeitgenössischer Architektur

über den Europarat in französisch, englisch oder deutsch Mo–Fr 9–12, 14.30–17 Uhr.
Zum Besuch einer Sitzung der Parlamentarischen Versammlung wende man sich vorher an:
Service de Visites du Conseil de l'Europe
Tel. 88 61 49 61
Durchwahl 36 80 oder 36 82
Palais de l'Europe – avenue de l'Europe
Bus 3, 13

Parlement Européen (Europäisches Parlament) Eine Woche pro Monat (außer im August) tagt das Europäische Parlament der zwölf EG-Länder als Untermieter des Europarates im Palais de l'Europe. 518 Abgeordnete, ihre Mitarbeiter, Dolmetscher, Beamte und Journalisten bevölkern dann die Konferenzsäle und Büros. Die Einwohnerzahl der Stadt wächst in einer Sitzungswoche um etwa 2500 Personen, was für Straßburg einen wichtigen Wirtschaftsfaktor darstellt. Daher bemüht sich die Stadt um gute Arbeits- und Aufenthaltsbedingungen für die Europäer. Das Gewohnheitsrecht hat Straßburg zwar zum Sitz des Europa-Parlaments gemacht, einen förmlichen Beschluß der zwölf EG-Regierungen darüber gibt es jedoch nicht. Die Abgeordneten werden seit 1979 für jeweils fünf Jahre direkt gewählt und kämpfen ständig um den Ausbau ihrer Kontrollbefugnisse gegenüber der EG-Kommission und dem Ministerrat in Brüssel.
Für Besuche einer Sitzung des Europa-Parlaments wende man sich vorher an:
Service des Visites du Parlement Européen
Tel. 88 37 40 01

Maison des Droits de l'Homme (Haus der Menschenrechte) Das flache Gebäude an der rückwärtigen Front des Palais de l'Europe ist Sitz der Europäischen Menschrechts-

kommission und des 1959 gegründeten Europäischen Gerichtshofes für Menschenrechte. Beide Institutionen wachen über die Einhaltung der Grundrechte in den 21 Europaratsländern. Jeder Bürger hat hier die Möglichkeit, eine Beschwerde gegen einen Staat einzulegen. Allerdings müssen vorher alle Möglichkeiten des nationalen Rechtswegs ausgeschöpft sein.
avenue de l'Europe

Gärten/Parks

Parc de la Citadelle Diese Oase im modernen Esplanade-Viertel war das Kernstück des Befestigungsgürtels, den Vauban 1682–84 aufschütten ließ. Erhalten ist der vielzackige Hauptwall der Zitadelle und das grabenumzogene, dreieckige Vorwerk.
Rue de Boston, Esplanade
Bus 7, 20

Parc des Contades Die von Linden beschatteten Grünflächen hinter der Synagoge »de la Paix« wurden 1764 auf dem Schießrain, dem Schießübungsplatz angelegt. Der Name geht auf den Gouverneur der Provinz, Louis-Georges de Contades (1704–1795) zurück, dessen Koch die Gänseleberpastete erfand. Die Mieten der umliegenden Wohnungen erreichen astronomische Höhen (3000 Mark).
Avenue de la Paix

Parc de l'Orangerie Gegenüber dem Europarat liegt dieser schönste Park der Stadt mit uralten Blutbuchen, Platanen und leuchtenden Blumenbeeten. In der Mitte hat Napoléon 1805 für die Kaiserin den Pavillon Joséphine errichtet. Hinter Bäumen versteckt liegt das feine Schlemmerlokal Buerehiesel. Das Bowling-Restaurant am See (Bootsvermietung) bietet eine schöne Terrasse zum Ausruhen. Der Eisstand am Anfang der gepflasterten Platanenallee ist ständig umlagert, aber das Schlangestehen lohnt sich.
Avenue de l'Europe
Bus 3, 13

Häuser und Paläste

Ancienne Douane Das mächtige »Alte Kaufhüs« an der Rabenbrükke ist heut einen beliebtes Restaurant und war im Mittelalter Lagerstätte für die steuerpflichtigen Waren. Nach den Bombenangriffen von 1944 wurde das Zollhaus 1956 im alten Stil wiederaufgebaut. Auf der hölzernen Terrasse hat man beim Essen einen schönen Blick über die Ill und auf den gegenüberliegenden Quai St. Nicolas.
6, rue de la Douane

Château de Pourtalès Das in einem weitläufigen Park gelegene Schloß gehört seit 1974 dem Schiller-Collège, einer internationalen Hotelfachschule für ausländische Studenten. Im 19. Jahrhundert waren die Räumlichkeiten Treffpunkt der geistig-kulturellen Elite, die von der Gräfin Mélanie de Pourtalès zum Tee gebeten wurde. Eine Teestube mit einer großen Terrasse und ein Feinschmecker-Restaurant führen an schönen Sommertagen zu wahren Spaziergänger-Prozessionen. Touristen sind jedoch kaum darunter.
161, rue Mélanie – Strasbourg-Robertsau
Bus 3, 13, 23

Cour du Corbeau Der Rabenhof unweit der Rabenbrücke wirkt von außen völlig unscheinbar, den Innenhof umrahmen jedoch sehr schöne Fachwerkhäuser mit offenen Galerien. Von 1528–1854 gehörte er

dem Gasthof »Zum Raben«. Eine Tafel erinnert an die berühmten Gäste dieser Herberge. 1634 nächtigte hier der schwedische Kanzler Oxenstierna, 1647 Marschall Turenne und 1669 König Kasimir von Polen. 1740 kam Friedrich der Große inkognito als Graf Dufour hierher und 1777 Joseph II. von Österreich unter dem Namen Graf Falkenstein.
1, place du Corbeau

Hôtel de Ville Das alte Rathaus an der Südseite der place Broglie wurde 1730–1736 von Joseph Massol als »Hanauer Hof« für den Grafen von Hanau-Lichtenberg gebaut, der im Elsaß Ländereien besaß. Als Erbstück ging das helle Sandsteingebäude an den Landgrafen von Hessen-Darmstadt über. Zum Rathaus wurde es ab 1805. Heute empfängt Bürgermeister Marcel Rudloff die offiziellen Gäste der Stadt in den Prunkzimmern der ersten Etage.
9, rue Brûlée (Hofeingang)

Maison Kammerzell Das alte Kaufmannshaus im Schatten der Kathedrale ist ein beliebtes Restaurant und Treffpunkt der Straßburger. Das steinerne Erdgeschoß stammt aus dem 15. Jahrhundert, der Fachwerkoberbau aus dem Jahre 1589. Benannt wurde es nach seinem Besitzer im 19. Jahrhundert. Man kann noch die Winde sehen, mit der die Waren auf den Dachboden gezogen wurden. 1891/92 wurde das Kammerzell'sche Haus vollständig restauriert. Die Fassade zum Münster hin ist unter den Fenstern der drei Stockwerke mit Darstellungen der Sternzeichen geschmückt. Die Innenräume des Restaurants sind mit Wandmalereien des Künstlers Léo Schnug (1878–1933) verziert.
Place de la Cathédrale

Maison de la Radio Der staatliche Rundfunk und Fernsehsender Radio France Alsace und FR3-Alsace mit 200 Beschäftigten liegt an der weitläufigen place de Bordeaux. Im Foyer des Zentralbaus, der zwischen 1953–61 erbaut wurde, ist ein riesiges Mosaik mit Vögeln und Blumen von Jean Lucat in die Wand eingelassen. Die Regionalsendungen werden teilweise auf Elsässisch ausgestrahlt.
Nur Gruppenbesichtigungen.
Auskunft Tel. 88 35 56 80
Place de Bordeaux
Bus 6, 16, 26

Maison des Tanneurs Die »Gerwerstub« ist eines der beliebtesten Postkartenmotive der Petite France. Die Ursprünge dieses wunderschönen Fachwerkhauses mit der Galleriefassade auf der Ill-Seite gehen auf das Jahr 1572 zurück. Damals verbreiteten die Gerber, die ihre Tierfelle bearbeiteten, üble Gerüche. Heutzutage verströmt dieses gutbürgerliche Restaurant den Duft seiner herrlichen Choucroute-Gerichte. Auch die Präsidentengattin Nancy Reagan war 1985 von ihrem lunch in dem altälsässischen Gastraum entzückt.
42, rue du Bain-aux-Plantes
La Petite France

Palais de la Musique et des Congrès Das Musik- und Kongreßgebäude unweit der place de Bordeaux ist das Zentrum des Straßburger Konzertlebens. 1975 hat François Sauer das achteckige Gebäude errichtet. International bekannte Solisten loben die Akustik des Musiksaales (salle Erasme) mit 2000 Plätzen. Das Palais ist auch Verwaltungssitz des regionalen Fremdenverkehrsamtes (Office du Tourisme de Strasbourg). Links vor dem Haupteingang steht seit 1981 eine stromlinienförmige Skulptur von Henry Moore.
Besichtigungen auf Anfrage
Tel. 88 35 03 00
Avenue Schutzenberger
Bus 6, 16, 26

Palais Rohan de Strasbourg

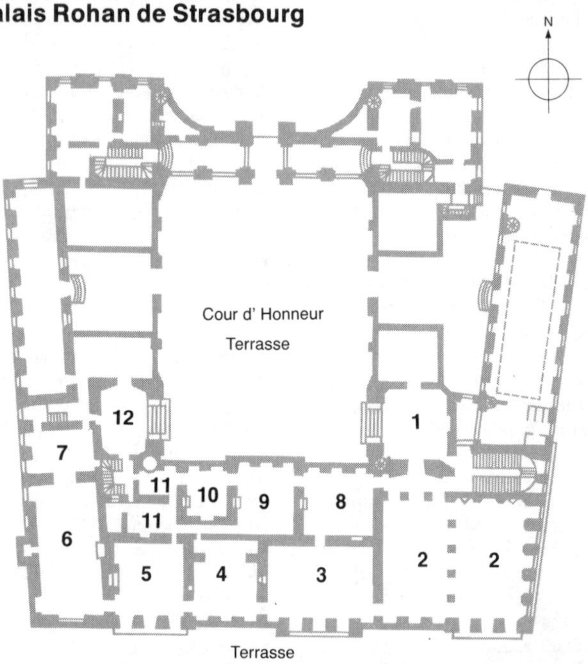

1 Empfangshalle
2 Synodensaal
3 Bischofssaal
4 Zimmer des Königs
5 Versammlungssaal
6 Bibliothek
7 Kapelle
8 Vorzimmer des Fürstbischofs
9 Schlafzimmer des Fürstbischofs
10 Kabinett des Fürstbischofs
11 Garderobe und Nebenräume
12 Durchgangszimmer

Palais des Rohan Das ehemalige Schloß der Fürstbischöfe von Straßburg an der Südseite des Münsters ist nach der Kathedrale wichtigste Station für Kunstinteressierte und wirklich sehr sehenswert. Joseph Massol hat nach Entwürfen von Robert de Cotte diesen klassizistischen Dreiflügelbau 1730–1742 für den Fürstbischof Armand-Gaston de Rohan-Soubise erbaut. Wegen des abfallenden Geländes hat der Prachtbau an der Ill-Seite eine Etage mehr. Gründliche Restaurierungsarbeiten haben die schweren Schäden beseitigt, die sieben US-Bomben 1944 angerichtet hatten. Drei Museen sind heute in dem Schloß zu besichtigen.
2, place du Château

Hafen

Port Autonome de Strasbourg Der Hafen ist mit einem jährlichen Warenumschlag von etwa elf Millionen Tonnen zweitgrößter Rheinhafen nach Duisburg und nach Paris zweitgrößter Stromhafen Frank-

reichs. 90 Prozent der Waren sind für den Export bestimmt, wobei Erze, Baustoffe und Erdölprodukte an der Spitze stehen. Gegründet wurde der Hafen 1890 und nach der Jahrhundertwende erweitert. Heute umfaßt er mit 14 Becken und zwei Vorhäfen eine Gesamtfläche von 1058 Hektar. Einen guten Überblick über die Industrieanlagen und Lagerhallen vermittelt die dreistündige Hafenrundfahrt, die bis zur Europabrücke und der Rheinschleuse führt. Rundfahrten zw. Juni u. Sept. Mo bis Fr 14.30 Uhr (Dauer 3 Std.).
Preise: 37 F; Jgdl. 18,50 F
Zw. Mai u. Sept. auch Sa und So 11 Uhr (Dauer 4 Std.)
Preise 52 F; Jgdl. 26 F (für 150 F, Mahlzeit inkl.)
Reservierungen: Port Autonome de Strasbourg
25, rue de la Nuée Bleue
Tel. 88 32 49 27
Abfahrt: Promenade Dauphine, place de l'Etoile
Tel. 88 44 34 27
Bus 4, 14, 6, 16

Kirchen

La Cathédrale Notre Dame Das Straßburger Münster ist ein Schmuckstück der Baukunst aus drei Jahrhunderten. Gerühmt werden die Hauptfassade mit den Portalstatuen, der Fensterrose (15 Meter Durchmesser) und dem 142 Meter hohen Turm, der bis zum 19. Jahrhundert höchster Kirchturm Europas war. Im Inneren können Sie die Astronomische Uhr, den Engelspfeiler, die Kanzel und die Silbermann-Orgel bewundern. Der Sakralbau, 1015 von Bischof Wernher von Habsburg als romanische Kirche begonnen, umfaßt gotische (1235–1275) und hochgotische (1276–1330) Elemente. Hauptbaumeister ab 1284 war Erwin von Steinbach. Seit dem Mittelalter kümmert sich l'Œuvre Notre Dame, die Münsterbauhütte, um die laufenden Restaurierungsarbeiten, was sie zur ältesten und einzigen Institution des Kathedralbaus in Frankreich macht. Erstmals seit Kriegsende ist die Hauptfassade jetzt ohne verdeckende Gerüste zu sehen. Gebaut wird zur Zeit an einem neuen Aufsatz für die Aussichts-Plattform, der nach den Bomben von 1944 ein Provisorium aus Dachpappe aufgesetzt wurde. Gelitten hat das Bauwerk durch Blitzschlag, Brände und Bomben, doch die größte Gefahr kam mit der Französischen Revolution, als 1793 gottesfeindliche Fanatiker in wenigen Tagen über 200 Skulpturen zerschlugen und sogar den Turm niederreißen wollten. Der clevere Stadtschlosser Sultzer konnte jedoch das Unheil mit einem witzigen Einfall abwenden. Er schlug vor, dem Münsterturm eine riesige Jakobinermütze aus Blech überzustülpen, um jenseits des Rheins den Feinden der Republik beim Anblick dieses Symbols der Freiheit das Zittern zu lehren. Vor 80 Jahren lauerte die Gefahr im Untergrund. Durch die Rheinkanalisation im 19. Jahrhundert sank der Grundwasserspiegel, so daß die im feuchten Boden versenkten Eichenpfähle, die das tonnenschwere Fundament stützten, Schimmel ansetzten. 1907 bemerkte man alarmierende Risse in den Spitzbögen unter dem Turm. In einer für die damalige Zeit bemerkenswerten Rettungsaktion spritzte der Architekt Johann Knauth eine Betonfüllung unter die tragenden Pfeiler. Trotz seines Alters gibt das Münster heute noch Rätsel auf. 1984 beschrieb der Straßburger Ingenieur Maurice Rosart erstmals das Phänomen des »grünen Strahls«. Im Frühjahr und im Herbst, wenn bei der Sonnenwende Tag und Nacht die gleiche Länge haben, wandert ein mysteriöser grüner Strahl durch ein Glasfenster des südlichen Seitenschiffs bis zum Christuskopf des Kruzifixes an der Kanzel. Gefärbt wird der Strahl durch den grünen Schuh des Jakobsohnes Juda, der in dem betreffenden Glasfenster verewigt ist. Zufall? Hintergründige Symbolik? Man weiß es (noch) nicht. Das Phänomen ist jeweils sieben Tage lang am Frühlings- und Herbstanfang etwa zwanzig Minuten lang zu beobachten, wenn die Sonne scheint. Vorläufige Berechnungen für 1989: 22. 3. ab 11.38 Uhr; 21. 9. ab 12.24 Uhr; 1990: 22. 3. ab 11.38 Uhr; 21. 9. ab 12.24 Uhr. Ungeklärt ist auch, warum der zweite Turm des Münsters niemals gebaut wurde. Ulrich von Ensingen, der Baumeister des Ulmer Münsters, hatte im 14. Jahrhundert Pläne für einen zweiten Turm, doch wurden sie nicht verwirklicht. Den 142 Meter hohen Nordturm besteigt man über 330 Stufen bis zur Plattform, die sich auf 66 Meter Höhe befindet. Das Geläut der Münsterglocken im Turm (um 22 Uhr) erinnert noch heute an historische Zwangsmaßnahmen: von 1388 bis ins 18. Jahrhundert hinein mußten die Juden beim Schlag der »Judenglocke« die Stadt verlassen. Mit dieser Maßnahme wollten die Stadtväter das erneute Anwachsen einer jüdischen Gemeinde innerhalb der Stadtmauern verhindern. 1349 hatte die Schwarze Pest eine Welle des Antisemitismus ausgelöst. Man beschuldigte die Juden, die Brunnen vergiftet zu haben. Höhepunkt der Verfolgung war der 14. Februar 1349, als 2000 Juden verbrannt wurden.

Astronomische Uhr Die Horloge Astronomique des Münsters gab es bereits im Mittelalter. Ihr Schöpfer, so sagt die Legende, wurde nach ihrer Vollendung geblendet, um das Geheimnis zu wahren. Das Uhrwerk wird jede Woche aufgezogen und geht sehr genau. Weil es nach dem Straßburger Meridian geregelt ist, schlägt die Mittagsstunde um 12.30 Uhr. Außerdem werden mehrere astronomische Zeiten angezeigt. Der Mechanismus setzt ein ungeheures Räderwerk und viele Figuren in Bewegung. Die Apostel ziehen an Christus vorüber und beim Durchgang des vierten, achten und zwölften Apostels kräht ganz oben flügelschlagend der Hahn – etwas piepsig, aber immerhin. Das Gehäuse stammt aus dem 16. Jahrhundert. Der Elsässer Jean-Baptiste Schwilgué (1776–1865) hat die Mechanik später erneuert.

Engelspfeiler Der »Pilier des Anges« (Engelspfeiler) vor der Uhr heißt auch Weltgerichtspfeiler und stützt das Gewölbe des südlichen Querschiffes. Er entstand zwischen 1220–1230 und seine Skultpuren gehören zu den Meisterwerken der Bildhauerei des 13. Jahrhunderts. Die Figuren beziehen sich auf das Weltgericht und den Jüngsten Tag.

Kanzel Die Kanzel ist ein Prunkstück spätgotischer Steinmetzkunst und wurde von Johannes Hammer 1486 für den freimütigen Prediger Geiler von Kaysersberg (1510) geschaffen.

Orgel Von Andreas Silbermann 1716 angefertigt, hat sie heute 40 Register und 2602 Pfeifen. Das 20 Meter hohe, geschnitzte und vergoldete Gehäuse stammt von 1489.

Führungen im Sommer mehrmals tägl. (Juli, Aug.: Mo–Fr 10.30, 14.30 und 15.30 Uhr; Sa 10.15 und 14.30 Uhr; So 10.15 Uhr) Dauer: etwa 1 Stunde

Turmbesteigung: tägl. (9–17.30 Uhr, im Sommer bis 19 Uhr)

Eintritt: 7 F

Horloge Astronomique: tägl. 12.30 Uhr

Eintritt: 4 F

Kasse am rechten Seiteneingang (Südeingang)

Ton- und Lichtschauspiel »Son et Lumière« (unbedingt empfehlenswert!)

April–Sept. tägl. 20 (deutsch) und 21 Uhr (französisch)

Dauer: etwa 40 Min.

Eintritt 18 F, 9 F für Jgdl. bis 17 Jahre

Vorverkauf ab 18.30 Uhr am Südportal

Portal des Münsters. Auf dem inneren Bogen des Reliefs die Wunder Christi, auf dem Tympanon (oberhalb der Tür) die Passionsgeschichte

Saint-Thomas In dieser protestantischen Kirche aus dem 9. Jahrhundert, nicht weit von La Petite France entfernt, hat häufig der Elsässer und Bach Kenner Albert Schweitzer an der Silbermann-Orgel Konzerte gegeben, um Spenden für sein Urwald-Hospital in Lambarene zu sammeln. Andreas Silbermann hat die stattliche Orgel 1737–40 neu erbaut, heute hat sie 60 Register und 3500 Pfeifen. Das bedeutendste Kunstwerk in dieser größten Kirche der Stadt (nach dem Münster) ist das Grabmal des Marschalls Moritz von Sachsen (1696–1750), der für Frankreich kämpfte. Der Bildhauer Jean-Baptiste Pigalle hat dieses monumentale Werk aus Marmor 1756/76 im Auftrag Ludwig XV. geschaffen. Der Marschall, den »La France« noch zurückhalten will, schreitet mehrere Stufen herab auf einen Sarg zu, den der Tod offen hält. Daneben trauert Herkules. Die in den flandrischen Kriegen besiegten Länder umrahmen als Wappentiere dieses Hauptwerk der französischen Plastik des 18. Jahrhunderts: der österreichische Adler, der

holländische Löwe und der englische Leopard.
Place St-Thomas
Tgl. geöffnet 9–12 ; 14–17 Uhr

Synagogue »de la Paix« Der hohe Betonbau am Rande des Parc des Contades wurde 1954 von den Architekten Levy und Berst erbaut und am 23. März 1958 eingeweiht. Die frühere Synagoge am quai Kléber war von den Nationalsozialisten 1941 in Brand gesteckt worden. Die jüdische Gemeinde, eine der größten Frankreichs, zählt etwa 15 000 Menschen. Auch die Schriftstellerin Barbara Honigmann aus Ostberlin hat sich mit ihrer Familie in Straßburg niedergelassen.
Führungen Tel. 88 35 61 35
16, avenue de la Paix
Bus 6, 16

Stadtviertel

Krutenau Dieses Stadtviertel, dessen Name sich von Kräuterau ableitet, war früher das Reich der Fischer, Soldaten und Kleingärtner. Heute haben unschöne Bürobauten die altertümliche Harmonie der kleinen Häuser zersetzt, so daß Touristen selten durch die Straßen des Viertels flanieren. Allerdings findet man hier einige sehr gute Restaurants, Jazzkneipen und Diskotheken, die hauptsächlich von Straßburgern und Kennern der Szene frequentiert werden. Insofern ist ein Besuch der Krutenau durchaus lohnend. Wer sich tagsüber schon mal umgetan hat, findet sich dann im Straßburger Nachtleben umso besser zurecht. An der place du Pont-aux-Chats steht der Züricher Brunnen, und an der rue de la Krutenau liegt die Tabakmanufaktur.

Das Münsterviertel Das Altstadtviertel rings um das Münster ist das Zentrum und die wichtigste Einkaufsgegend der Stadt mit zahlreichen Fußgängerzonen. Das Viertel erstreckt sich in dem Dreieck zwischen der place Broglie, der place Gutenberg und der place Kléber.
Die place Broglie, der ehemalige Rossmarkt und Paradeplatz, wurde nach dem Gouverneur Marechal de Broglie benannt. Zur Zeit des Weihnachtsmarktes im Dezember herrscht hier Höchstbetrieb. An der nördlichen Längsseite hat in dem klotzigen Bau der Banque de France der junge Offizier Rouget de Lisle am 26. April 1792 erstmals die von ihm komponierte Marseillaise gesungen. Gegenüber liegt das Alte Rathaus im Stil des 18. Jahrhunderts. An der Frontseite stadtauswärts steht das klassizistische Stadttheater aus dem Jahr 1804. Die wuchtige Säulenvorhalle mit den Statuen der sechs Musen wurde von Landolin Ohnmacht 1821 geschaffen.
Am Platz mit dem Gutenberg-Denkmal liegt die Handelskammer, der wichtigste Renaissance-Bau der Stadt, den Hans Schoch 1582 als Rathaus errichtete. Die Arkaden des Erdgeschosses haben dorische, die Pilaster des ersten Stocks ionische und die des zweiten Stocks korinthische Kapitelle. In dem Gebäude befindet sich ebenfalls ein Büro des Verkehrsamtes. Vom Gutenbergplatz hat man eine schöne Sicht auf die Hauptfassade der Kathedrale.
Der Hauptplatz der Stadt mit dem Kléber-Denkmal in der Mitte war während der Französischen Revolution Standort der Guillotine. Er ist von prächtigen Gründerzeitbauten umgeben. An der Nordseite steht die Aubette, die ehemalige Hauptwache, in der sich heute ein Café und ein Restaurant befinden.
Die Grand'Rue ist die älteste Durchgangsachse der Stadt und war in der Römerzeit militärische Verbindungsstraße von Tres Tabernae (Saverne) bis zum Lager am Münster.

Sie hieß »strata Superior« (Oberstraße). Zu sehen sind hier viele kleine Handwerkshäuser aus dem 18. Jahrhundert. Außerdem bieten orientalische Geschäfte und Bäckereien arabische Süßigkeiten und das typische Fladenbrot an.
Die rue des Juifs, eine enge Straße hinter der Kathedrale mit vielen kleinen Geschäften, war das historische Zentrum des Judenviertels. Ein Badehaus war in den Häusern Nr. 15/19 untergebracht, Nr. 30 beherbergte eine Synagoge mit einer Schule. Erstmals schriftlich erwähnt wurden die Juden 1146. Im 13. Jahrhundert stand die Gemeinde unter dem Schutz des deutschen Kaisers, der für dieses Privileg viel Geld verlangte. 1338 zahlten die Juden beispielsweise eine Steuer von 60 Mark an das »Heilige Römische Reich deutscher Nation«, zwölf Mark an den Bischof und 500 Mark an die Stadt. Damals lebten in der rue des Juifs hauptsächlich Händler und Handwerker. Die Gemeinde wuchs im 14. Jahrhundert stark an, doch die Schwarze Pest ließ den latenten Antisemitismus wieder ausbrechen. Am 14. Februar 1349 wurden 2000 Juden auf einem Scheiterhaufen verbrannt. Als 20 Jahre später jüdische Familien nach Straßburg zurückkehrten, verweigerte man ihnen das Wohnrecht. Bis ins 18. Jahrhundert mußten die Juden nach der Arbeit die Stadt verlassen, wenn die Münsterglocken um 22 Uhr schlugen. Diese »Judenglocke« ist noch heute zu hören, allerdings ohne diskriminierenden Exodus.
Rue du Sanglier, die »Wildschweinstraße« ist ein Übersetzungsfehler. Im 13. Jahrhundert lebte hier Johann der Hauwart (Heuwärter), der für die Heueinfuhr zuständige Beamte der Stadt. Aus der Hauwartsgasse wurde Hauergasse, wobei man bei der französischen Übersetzung an Wildschweinhauer dachte.

La Petite France Das ehemalige Handwerkerviertel mit Gerbereien und Färbereien ist das Schönste, was die Straßburger Altstadt zu bieten hat. Deshalb ist es ständig von Touristen übervölkert. Früher war es übrigens ein recht anrüchiges, finsteres Quartier. Die zum Trocknen aufgehängten Felle und Häute der Gerber verbreiteten einen üblen Ge-

Treffpunkt für Touristen und Einheimische: Der Münsterplatz

Eine Promenade ins Mittelalter: La Petite France

stank, den feinere Leute lieber mieden. Im Mittelalter sollen hier Diebe und sonstige Kriminelle untergeschlüpft sein, jedenfalls vermuteten die Bürger hier allerlei Zaubereien und dunkle Geschäfte – wozu auch die Prostitution gehörte. Heute ist davon nichts mehr zu merken. Seit dem 19. Jahrhundert erfreut sich »Klein-Frankreich«, was La Petite France übersetzt heißt, großer Beliebtheit und ist zum Mekka der Fremden geworden. La Petite France ist ein anmutiges, aber volles Fleckchen. Da jedoch das gesamte Viertel Fußgängerzone ist, sollte man sich die Spaziergänge durch die kleinen Gassen mit den gut erhaltenen Fachwerkhäusern, Cafés, Restaurants und Antiquitätengeschäften entlang der verschiedenen Ill-Arme auf keinen Fall entgehen lassen.

Der Name des Viertels geht auf das Krankenhaus »Blatterhüs« zurück, in dem im 16. Jahrhundert Soldaten behandelt wurden, die an Syphilis, dem sogenannten »französischen Übel«, erkrankt waren.

Rue du Bain-aux-Plantes, die Hauptstraße des Altstadtviertels La Petite France war 1279 aus nicht überliefertem Grund als »Glanzhof« bekannt. Im 15. Jahrhundert wurde daraus Pflanzhof, später Planzbad. Dieser Name bezog sich auf eine öffentliche Badestube (Nr. 22), in der Frauen mit wohltuenden mit Kräutern behandelt wurden.

Das auffälligste Haus direkt an der Ill ist das Gerberhaus, la Maison des Tanneurs, in dem die Sauerkrautgerichte ausgezeichnet schmecken. Schräg gegenüber steht die ehemalige Taverne der Gerber, »Lohkäs«, aus dem Jahr 1651. Der Name des heutigen Restaurants erinnert an die Herstellung von Heizbriketts aus Eichenrinde, mit der man vorher die Tierfelle gegerbt hatte.

Die übrigen Gerberhäuser der Straße aus dem 16. und 17. Jahrhundert wurden fast alle um die Jahrhundertwende herum gründlich restauriert.

Rue des Cheveux, bemerkenswert an dieser Gasse in La Petite France ist der Name: er geht auf die im 14. Jahrhundert hier ansässige Familie Horgesser zurück. Aus Horgesser entwickelte sich 1580 Haargässelin, was in der französischen Übersetzung schließlich Haargasse ergab. Außerhalb von La Petite France, im Finkwiller-Viertel, liegt die rue de la Question, die Straße mit dem verschlungensten Namensursprung der ganzen Stadt. Im 13. Jahrhundert stand hier als Teil der Befestigungsanlage der Märtyrerturm (Daumelturm). Üblich war die Folter mit der Daumenschraube für Verräter, Spione und Betrüger, um eine Antwort zu erzwingen. Zum Glück weiß keiner mehr, was für eine Frage gestellt wurde.

Tabakmanufaktur

Das quadratisch angelegte Gebäude mit einem Innenhof liegt in der Krutenau und wurde 1849 gebaut. Die Manufaktur ist heute noch im Originalzustand mit Ausnahme des Hauptgebäudes, das 1944 durch Bomben zerstört und in den fünfziger Jahren neuerbaut wurde. Pro Jahr werden hier etwa 400 Millionen Zigarren und Zigarillos gedreht, was 50 Prozent der französischen Gesamtproduktion entspricht. Beim Gang durch die würzig duftenden Arbeitshallen kann man den 320 Angestellten bei den verschiedenen Arbeitsgängen über die Schulter blicken. Allerdings sind die Arbeitsplätze durch sinkenden Verbrauch und die zunehmende Umstellung auf vollautomatische und elektronisch gesteuerte Maschinen bedroht. Im Elsaß wird zwar dunkler Tabak angepflanzt, die meisten der in der Manufaktur verarbeiteten Tabakblätter stammen jedoch aus Mittelamerika und der Zentralafrikanischen Republik.

Führungen nach Bedarf (Dauer ca. 2 Std.)
Anfragen Tel. 88 35 29 00
7a, rue de la Krutenau
Bus 10

Wasserwege

Die Altstadt Straßburgs ist auf der Südseite von der Ill und auf der Nordseite von dem künstlich angelegten Fossé du faux Rempart (Falschwallkanal) umgeben. Am Stadteingang bei den gedeckten Brücken in La Petite France ist die Ill in mehrere Arme aufgeteilt. Das größere Stadtgebiet wird im Westen hinter dem Bahnhof von dem Fossé des Remparts (Wallgraben) begrenzt, im Süden und Osten vom Hafen und dem Rhein-Rhone-Kanal. Im Norden schließt sich der Kreis durch den Kanal de la Marne au Rhin (Rhein-Marne-Kanal). Die Besichtigung Straßburgs vom Wasser aus ist sehr empfehlenswert: promenade sur l'Ill rund um die Altstadt.

Dauer: 1,5 Std.
Zw. Apr. und Sept. tgl. halbstdl. zw. 10 u. 18 Uhr
Preis 28 F, Kinder 15 F
Kartenverkauf u. Treffpunkt ist der Anliegeplatz vor dem Château des Rohan
Tel. 88 32 75 25

Nächtliche Fahrt auf der Ill (flâneries nocturnes). Dauer: 1,5 Std.
Zw. Mai u. Sept. tgl. 21.30 u. 22 Uhr
Preis: 30 F; Kinder 16 F
Kartenverkauf u. Treffpunkt: Anliegestelle am Château des Rohan
Tel. 88 32 75 25

Eine Rundfahrt von zweieinhalb Stunden durch die Altstadt und das Hafenbecken bietet das Restaurant-Boot Alligator (promenade gastronautique)
Tgl. außer Di 12.30, 19.30 und 22.15 Uhr
Preis je nach Menü zw. 160 u. 300 F
Treffpunkt: Anliegestelle am Château des Rohan
Information: Tel. 88 61 10 00

Museen und Galerien

Neun Museen sind in Straßburg zu besichtigen, die fast alle in der näheren Umgebung des Münsters gelegen sind. Die Kunstmuseen im Palais des Rohan bieten eine schöne Sammlung europäischer Malerei vom 14. bis zum 19. Jahrhundert sowie Werke aus der elsässischen Schule des 18. und 19. Jahrhunderts. Sehenswert sind außerdem die wertvollen Erzeugnisse Straßburger Handwerksbetriebe aus der Zeit von 1681 bis 1850 im Kunstgewerbemuseum: Keramik, Möbel und Goldschmiedearbeiten. Dort können Sie auch die Prunkgemächer der Fürstbischöfe von Rohan bewundern. Das Musée Archéologique besitzt reiche Sammlungen aus der Ur- und Frühgeschichte der Region bis zur Zeit der Merowinger (800 n. Chr.). In der Galerie Alsacienne in einem Seitenflügel des Rohan-Schlosses sind elsässische Meister des 19. Jahrhunderts ausgestellt. Im Postgebäude am Münsterplatz befinden sich das Kupferstichkabinett (Cabinet des Estampes) mit Stichen, Portraits und regionalen Geländekarten vom 15. bis ins 20. Jahrhundert und die Schloßbibliothek mit 40 000 Büchern. Auch ein kleiner Teil der Bestände des Museums für Moderne Kunst ist vorübergehend dort zu sehen. Ein Stadtrundgang läßt sich sinnvoll ergänzen durch einen Besuch des Musée Historique (Historisches Museum) mit Zeugnissen der militärischen und politischen Stadtgeschichte vom Mittelalter bis in die jüngste Vergangenheit. Zum Schutz vor schädlichen Umwelteinflüssen hat man die Originale der bedeutendsten Münsterskulpturen im Musée de l'Œuvre Notre Dame (Frauenhausmuseum) ausgestellt. Das Musée Alsacien (Elsässisches Museum) zeigt die Volkskunst der Landbevölkerung und traditionelle Einrichtungsgegenstände aus der ganzen Region.

Alle Museen sind täglich außer Dienstag von 10 bis 12 und von 14 bis 18 Uhr geöffnet. Zwischen Oktober und März nur nachmittags von 14 bis 18 Uhr. Die häufig wechselnden Ausstellungen in den Museen sind täglich durchgehend zwischen 11 und 19 Uhr zu besichtigen. Ein entsprechendes Verzeichnis ist in der monatlich erscheinenden Broschüre des Verkehrsamtes »Strasbourg Actualités« enthalten.

Die Eintrittspreise der Museen liegen zwischen 20 F für Erwachsene und 5 F für Kinder. Weitere Auskünfte erteilt die Museumsverwaltung (Direction des Musées).

5, place du Château

Tel. 88 32 48 95

Das Musée Alsacien beherbergt Pittoreskes und Ländliches aus der Region

Museen

Musée d'Art Moderne 150 Objekte und Gemälde der insgesamt 1500 eingelagerten Werke des Museums, die vorher in der Ancienne Douane zu sehen waren, sind vorläufig im 2. Stock ausgestellt. Die chronologisch geordnete Auswahl umfaßt den Zeitraum von 1870 bis zur Gegenwart. Max Liebermann und Monet gehören dazu, ebenso wie Max Ernst, Victor Brauner und Man Ray. Ein Saal ist dem Straßburger Hans Arp gewidmet. Interessant sind die Neuerwerbungen von Cremonini, Gilles Aillaud und Nicki de Saint Phalle. Das neue Museum für moderne Kunst soll 1993 eröffnet werden.
5, place du Château

Cabinet des Estampes et Bibliothèque Das Kupferstichkabinett enthält insgesamt 25 000 Zeichnungen und Stiche vom 15. bis 20. Jahrhundert, Portraits, Plakate und elsässische Geländekarten. Hervorzuheben sind die Zeichnungen des großen Straßburger Illustrators Gustave Doré, der für Rabelais und Balzac zeichnete und im Haus Nr. 6, rue des Ecrivains, sein Talent entwickelte. Die Sammlung der Bibliothek umfaßt 40 000 Bücher über Kunst, Architektur, Kunstgewerbe und das Elsaß.
Eintritt frei
5, place du Château

Musée Alsacien Die drei schönen Fachwerkhäuser, die seit 1902 das elsässische Museum beherbergen, stammen aus der gleichen Zeitepoche wie zahlreiche Volkskunstobjekte im Inneren. Durch die Vielfalt der Möbel, Trachten, Bilder, Geschirrstücke, Haushaltsgegenstände und Werkzeuge wird das frühere Leben im Elsaß anschaulich dargestellt. Im Erdgeschoß findet man so ziemlich alle Werkzeuge, die mit dem Wein- und Ackerbau zusammenhängen, wobei regionale Unterschiede berücksichtigt werden. Im ersten Stock betritt man eine elsässische Wohnstube reicher Bauern aus Wintzenheim (1810) mit Balkendecke und Wandvertäfelung im Louis-Seize-Stil. Relativ bescheiden ist die elsässische Keramiksammlung mit Steingut aus Soufflenheim und Betschdorf, wo heute noch getöpfert wird. Im 18. Jahrhundert gab es in der Region über 300 Werkstätten. Im zweiten Stock sind schöne Beispiele religiöser Hinterglasmalerei zu finden, eine Tradition, die im übrigen Frankreich fast unbekannt ist. Kurios sind die Holzmasken der »Mehlkotzer« mit weitaufgerissenen Mäulern, aus denen im 18. und 19. Jahrhundert das Mehl rann. In zwei Räumen sind die verschiedenen Trachten der Region ausgestellt, die sich teilweise von Dorf zu Dorf unterscheiden. Die berühmte schwarze Schleife, die heute jede Souvenirpuppe schmückt, ist übrigens nicht älter als hundert Jahre. Sie stammt von 1890. Von Juni –Sept. Führungen Fr. 20.30 Uhr (Dauer: 1,5 Std.).
23–25, quai St-Nicolas, Nähe Rabenbrücke

Musées du Château des Rohan Drei Kunstmuseen sind in der herrlichen Residenz der Fürstbischöfe von Straßburg aus dem 18. Jahrhundert untergebracht: das Musée Archéologique (Archäologisches Museum), das Musée des Arts Décoratifs (Kunstgewerbemuseum) und das Musée des Beaux-Arts et Grands Appartements (Gemäldegalerie und Bischöfliche Räume).

Musée Archéologique Dieses Museum ist nach Saint-Germain-en-Laye das wichtigste seiner Art in Frankreich. Die Sammlungen im Untergeschoß des Hauptgebäudes reichen von der Vorzeit über die

Bronzezeit, den Beginn des Christentums bis hin zur Völkerwanderung. Aus der Altsteinzeit (Paläolithikum, 500 000 bis 8000 v. Chr.) stammen Reste von Tierfossilien wie ein im Rhein gefundener Mammut-Kiefer, ferner Gegenstände aus Wohn- und Grabstätten der Jungsteinzeit (Neolithikum), die in der Umgebung von Straßburg gefunden wurden. Eine bedeutende Sammlung von Votiv- und Grabsteinen aus der römischen Zeit (1. bis 4. Jahrhundert) wird ergänzt durch Zeugnisse römischer Wohnkultur wie Fresken, kleine Bronzestatuen und eine sehr schöne Vasen- und Glassammlung. Berühmt sind die Mithrasreliefs aus Mackwiller und dem Straßburger Vorort Koenigshoffen.
Wegen Umbauarbeiten bis 1990 geschlossen.

Musée des Arts Décoratifs Im Seitenflügel der ehemaligen Pferdeställe befindet sich die umfangreiche Sammlung Straßburger Fayencen aus der berühmten Hannong-Manufaktur, die von 1721–1781 in Straßburg in Betrieb war. Ferner Möbel aus dem 18. und 19. Jahrhundert und Luxusartikel aus den Werkstätten der Eisen- und Goldschmiede, Uhrmacher und Glasbläser. Die Hannong-Fayencen mit blauen Bortenmustern und vielfarbigen Verzierungen waren im 18. Jahrhundert in ganz Europa beliebt. Der in Straßburg entwickelte zarte purpurfarbene Blumenschmuck auf weißen Tellern hat nach 1750 viele Fayencewerkstätten in Europa beeinflußt. Die Manufaktur ging 1781 jedoch auf spektakuläre Weise Pleite. Joseph Hannong, der Enkel des holländischen Firmengründers, hatte sich mit der Herstellung des teuren Hartporzellans finanziell übernommen und landete im Gefängnis.

Musée des Beaux-Arts Ein Großteil der Ankäufe dieser Gemäldesammlung wurde vom Deutschen Kaiserreich finanziert. Die Auswahl traf zwischen 1889 und 1904 der Direktor der kaiserlichen Museen in Berlin, Wilhelm Bode, ein Spezialist italienischer und holländischer Malerei. Schwerpunkt heutiger Neuerwerbungen des Museums ist die noch unterrepräsentierte französische Malerei des 17. u. 18. Jahrhunderts. Vertreten ist die französische, flämische, holländische, spanische und italienische Schule vom 14. bis 19. Jahrhundert. Gemälde von Giotto, Boticelli, Van Dyck, Rubens, Raphael, Tintoretto, El Greco (Mater Dolorosa, 1594–1597), Goya, Watteau, Fragonard, Delacroix und Corot haben diese Sammlung bekannt gemacht. Ein berühmtes Bild ist »La belle Strasbourgeoise« (Die schöne Straßburgerin) des Pariser Meisters Nicolas de Largillière aus dem Jahr 1703. Die Dame aus besten Bürgerkreisen fällt durch ihre Tracht und den weitausladenden Hut (châpeau à cornes) auf, der bis 1730 getragen wurde.

Galerie Alsacienne Im Flügel der Wirtschaftsgebäude sind 150 Werke elsässischer Meister vom 19. Jahrhundert bis heute ausgestellt, zu denen Théophile Schüler und Gustave Brion gehören. Einen besonderen Platz nehmen Gemälde und Zeichnungen des Straßburgers Gustave Doré ein. Zu der zeitgenössischen Auswahl gehören auch Zeichnungen des Karikaturisten Tomi Ungerer (* 1931), der seiner Heimatstadt über 3000 Blätter vermacht hat.

Grands Appartements im Erdgeschoß hat man die fürstlichen Prunkgemächer und die Wohnräume der Bischöfe im Stil des 18. Jahrhunderts wiederhergestellt. Wichtigster Raum ist das Schlafzimmer des Königs (Thronsaal), wo nach der Sitte von Versailles die Morgen- und Abendaudienz stattfand. Dort

hängen die Portraits der vier Rohan, die von 1704–1803 den Bischofsstuhl innehatten: Armand-Gaston (1704–1749), Francois-Armand (1749–1756), Louis-Constantin (1756–1779) und Louis-René-Eduard (1779–1804), der sich in die »Halsbandaffäre« um Königin Marie-Antoinette verstrickte. Führungen Di u. Do 20.30 Uhr.
Palais des Rohan
2, place du Château

Musée Historique In dem Gebäude de la Grande Boucherie (Großes Schlachthaus), wo seit 1587 die Metzger an den Fleischerbänken arbeiteten, gewinnt man heute einen Überblick über die politische, wirtschaftliche, militärische und topographische Geschichte der Stadt Straßburg. Modelle von Geschützen und große Belagerungskanonen (1730–40) sind im Erdgeschoß aufgestellt. Im ersten Stock befinden sich Dokumente zur mittelalterlichen Stadtgeschichte, darunter ein Faksimile der Straßburger Eide (14. Febr. 842), des ältesten Dokuments in französischer Sprache. Ludwig der Deutsche und Karl der Kahle leisteten den Bündniseid in romanischer und deutscher Sprache. Aus der Zeit der Freien Reichsstadt (1100–1482) stammen Wappenbücher, Münzen und Medaillen. Portraits, Stiche und Dokumente erinnern an die Ära der Freien Königlichen Stadt (1681–1789) mit mehreren Besuchen des französischen Monarchen. Das für Straßburg wichtigste Ereignis der Französischen Revolution war die »Marseillaise«, die Rouget de Lisle 1792 als »Kriegslied für die Rheinarmee« komponierte. Der denkwürdige erste Vortrag am Klavier im Salon des Bürgermeisters Dietrich (4, place Broglie) wurde in einem Gemälde von Pils festgehalten. Dargestellt sind auch die Besuche des Kaiserpaares Napoléon und Joséphine 1806. Waffen und Uniformen erinnern an die deutsche Belagerung von 1870, den Einmarsch französischer Truppen 1918, die nationalsozialistische Besetzung 1940–1944 und die Befreiung durch General Leclerc im November 1944. Im größten Raum des Museums befindet sich das kostbare Modell der Stadt (1:600), das Militäringenieure der Vaubanakademie 1727 mit unendlicher Detailtreue anfertigten. Im zweiten Stock ist eine Sammlung mechanischer Spielzeuge aus dem 19. und 20. Jahrhundert untergebracht, die der Straßburger Karikaturist Tomi Ungerer dem Museum vermacht hat. Die Stücke stammen aus Amerika, Deutschland und Frankreich. Von Juni–Sept. Führungen Mo 20.30 Uhr (Dauer: 1,5 Stunden).
Wegen Umbauarbeiten bis 1989 geschlossen.
3, place de la Grande Boucherie

Musée de l'Œuvre Notre Dame (Frauenhausmuseum) Der Gebäudekomplex stammt aus dem 14. bis 16. Jahrhundert und war früher Sitz der Münsterbauhütte. Seit 1931 sind in dem Museum Werke der elsässischen Kunst vom 12. bis 17. Jahrhundert zu sehen. An erster Stelle stehen die wertvollen Originale der Münsterskulpturen, darunter die berühmten Statuen der Ecclesia und der Synagoge (1230). Einzigartig in Europa ist die Sammlung von Originalrissen, die die Werkmeister des Mittelalters für den Bau des Münsters zeichneten. Zu sehen sind außerdem Glasmalereien und Baupläne des Münsters und eine reiche Sammlung religiöser Bilder, Skulpturen, kunstvoller Gläser, Goldschmiedearbeiten und Möbel. Zu den Malereien und Plastiken gehören die charaktervollen Büsten des Niederländers Gerhaerts von Leyden aus dem 15. Jahrhundert und ein Hauptwerk des Meisters Konrad Witz: die Heilige Magdalena und die heilige Katharina im Kreuzgang des Basler Münsters, 1445. Die Still-

leben des Straßburger Künstlers Sebastian Stoskopf gehören zu den bedeutenden Meisterwerken des 17. Jahrhunderts. Hervorzuheben sind »Die Vier Elemente«, »Die Fünf Sinne« und die »Große Vanitas« (1641).
Von Juni–Sept. Führungen Mi 20.30 Uhr, Dauer 1,5 Std.
3, place du Château

Galerien

Die Straßburger Kunstgalerien lassen sich nicht mit weltstädtischen Maßstäben messen, bieten jedoch durchaus interessante und originelle Objekte für Liebhaber. Die auf moderne Kunst spezialisierten Galerien haben es nicht leicht, weil aufstrebende Nachwuchskünstler aus der Region lieber in Paris ausstellen, wohin es auch die Mehrzahl potentieller Käufer zieht. Die Öffnungszeiten sind unterschiedlich, daher empfiehlt sich eine telefonische Anfrage. Im August sind viele Galerien geschlossen. Informationen über laufende Ausstellungen finden sich in der monatlich erscheinende Broschüre des Verkehrsamtes »Strasbourg Actualités«.

Aktuaryus Die älteste Galerie der Stadt besteht seit 1920 und bietet Lithographien, Ölbilder, Skulpturen und Aquarelle französischer Künstler, manchmal klassisch, manchmal sehr modern
Tel. 88 32 39 38
23, rue de la Nuée Bleue

Café-Galerie Art sans Frontières In dieser sympatischen Galerie mit dem interessanten Namen (Kunst ohne Grenzen) wird die Moderne Kunst mit Kaffee, Kuchen und Kammerkonzerten präsentiert. Bisweilen können Sie auch Folklore-, Jazz- und Gitarrenmusik hören. Mittags kann man hier eine Kleinigkeit essen. Ausgestellt werden sowohl Werke von Großen, Bekannten wie Dali und Ernst, als auch von vielversprechenden Nachwuchstalenten aus der Region. Manche Bilder und Objekte sind (noch) sehr preiswert, damit können Sie vielleicht einmal den großen Coup landen.
Tel. 88 32 78 68
6, rue Brûlée

Galerie Artal Bietet Kunsthandwerk regionaler Künstler aus bunt bemaltem Holz, Glas, Seide und Leder, ebenso wie handbemalte Masken und Kupferstiche von Stadtansichten. Interessante Objekte kann man bereits für 250 bis 500 Francs erstehen.
Tel. 88 32 87 54
31, rue du Bain-aux-Plantes
Petite France

Galerie Cour des Pucelles Seit eineinhalb Jahren werden in dem hübsch gelegenen Hof Objekte ausländischer und regionaler Künstler wie Germain Roesz, Godwin Hoffmann oder Marie Sester ausgestellt. 1000 Mark muß man aber mindestens investieren.
Tel. 88 25 01 63
12, rue des Pucelles

L'Estampe Verkauft seit neun Jahren erfolgreich alte und moderne Radierungen, Lithographien und Kupferstiche, auch Stadtansichten.
Tel. 88 36 84 11
31, quai des Bateliers

Maison d'Art Alsacienne Der Ausstellungsraum im Gebäude der Ancienne Douane gehört der Vereinigung von 120 unabhängigen Künstlern des Elsaß, die hier wechselweise ihre Gemälde, Skulpturen und Objekte präsentieren.
Tel. 88 32 40 39
1a, rue de la Douane

Einkaufen

Frankreich ist als Einkaufsland vergleichsweise teurer als die Bundesrepublik und in Straßburg hat darüberhinaus der Status als Europastadt eine preisfördernde Wirkung. Preisbewußte Elsässer fahren deshalb zum Großeinkauf auf die deutsche Rheinseite, qualitätsbewußte Deutsche hingegen finden in Straßburg ein hervorragendes Angebot an Spezialitäten aus Küche und Keller. Fachgeschäfte bieten ausgezeichnete französische und elsässische Weine, edle Champagner-Marken, alten Cognac und die verschiedensten Weinbrände. Feinste Fleisch- und Wurstpasteten und leckere »Amuse-Gueules« (Appetithappen) gibt es in den »Charcuteries/ Boucheries«, den Fleischwarenhandlungen, die eher deutschen Delikatessenläden entsprechen und deren Angebot in der Vorweihnachtszeit besonders reichhaltig ist. Auf Gänseleber sind die »Traiteurs« (Feinkostgeschäfte) spezialisiert, und die Qual der Wahl hat man an den meterlangen Käsetheken großer Supermärkte und kleiner »Fromageries«. Frische Trüffel, Pralinen und Schokoladen aus eigener Herstellung bieten die »Chocolatiers/Confiseurs« und auch das alltägliche Angebot an Obst und Gemüse ist von bester Qualität. Fündig wird man beim Einkaufsbummel auf der Suche nach elsässischem Kunsthandwerk. Da gibt es schön ziselierte Weingläser, bemaltes Porzellan und Antiquitäten wie Bauerntruhen und andere Möbel. Auch das Angebot an französischen Modeartikeln, Damen- und Herrenkleidung ist groß, bietet jedoch in Anbetracht der durchschnittlichen Qualität kaum Preisvorteile, die es auch nicht bei den renommierten Parfüm-Marken gibt. Eher lohnt sich der Einkauf von Sportartikeln und -kleidung. Da jedoch schon die Abwechslung vom gewohnten Warenangebot den halben Spaß des Einkaufens ausmacht, orientiert man sich am besten erst einmal beim Bummel durch die Einkaufsstraßen in der Fußgängerzone rings um das Münster. Die rue du Dôme, rue des Hallebardes und rue des Orfèvres sind die wichtigsten. Im Prinzip liegen die meisten Einzelhandelsgeschäfte im Stadtzentrum zwischen der place Broglie, dem Münster, der place Kléber und place Gutenberg mit allen Verbindungsstraßen. Dort findet man auch die großen Warenhäuser Printemps, Magmod und FNAC-Maison Rouge. An regnerischen Tagen kann man stundenlang durch das weitläufige Einkaufszentrum »Centre Halles« flanieren, wo auf zwei Etagen vom Schnürsenkel bis zum Farbfernseher alles angeboten wird. Antiquitätengeschäfte findet man vorzugsweise in La Petite France. In den Außenzonen der Stadt haben sich nach amerikanischem Vorbild regelrechte Warenhaus-

In den alten Gassen Straßburgs werden Kitsch- und Kunstfreunde ganz bestimmt fündig

siedlungen mit großen Parkplätzen etabliert, so in Vendenheim, Ostwald und Illkirch-Graffenstaden.
Öffnungszeiten: die Einzelhandelsgeschäfte sind gewöhnlich werktags (auch samstags) von 9–12 und von 14.30–18 oder 19 Uhr geöffnet, Einkaufszentren und Supermärkte meistens durchgehend von 9–19 oder 20 Uhr, samstags bis 18 Uhr. Montag vormittags haben viele kleine Geschäfte geschlossen, in den Außenbezirken teilweise auch am Mittwochnachmittag. Dichtestes Gedränge herrscht überall am Samstag, besonders bei der jährlichen »braderie« an einem Samstag im Juli, wo alle Geschäfte im Zentrum ihren Verkauf auf die Straße verlegen.

Anitquitäten

Zu den besonderen Antiquitätengeschäften der Stadt werden die gerechnet, die sich auf alte Stücke aus der Region spezialisiert haben.
Chenker Antiquité Eine Fundgrube für Kenner hochwertiger Stilmöbel und Gemälde aus dem 18. u. 19. Jahrhundert.
10, rue des Dentelles
Claude Horn Ein sehr beeindrukkendes Geschäft mit großer Auswahl an Möbeln aller Stilrichtungen.
3, rue de l'Ail
Pfirsch Der Geschäftsinhaber gilt als ein ausgezeichneter Kenner der Regionalkunst – von antiken Büchern über Stiche und Volkskunst bis hin zu Porzellan und Fayencen.
20, rue de la Nuée-Bleue
Flohmarkt Hier können Sie alte Truhen, Möbel, Bilder, Bücher und Kurioses wie aufgefrischte Hemden aus altem Leinen erstehen.
Mittwoch u. Samstag 9–18 Uhr
place de la Grande Boucherie

Bioläden

Naturkost wird auf den Wochenmärkten angeboten und bei
Vitana
13, rue des Orfèvres
Aux Produits des Champs
2, rue des Serruriers
Galeries Gourmandes Hier findet man unter vielem anderem eine große Auswahl »koscherer« Nahrungsmittel.
Centre Halles
Quai Kléber

Blumen

Da die höflichen Franzosen zu jedem Fest und jeder Einladung mindestens ein kleines Sträußchen offerieren, ist die Auswahl an sehr hübschen (und teuren) Steckkästen und Arrangements dementsprechend groß und phantasievoll.
Fleurs Michel Buhart Führt ein besonders reiches Angebot. Mini-Kakteen in Glaskoffern oder Stoffblumen in Schwanenvasen sind nur zwei Beispiele für die floralen Gebilde, die Sie hier erstehen können.
9, rue de la Douane
Le Jardin Miniature Ein japanischer Teesalon mit Bonsais und exotischen Pflanzen und Blumen.
29, rue des Serruriers (Cour du Miroir)

Bücher

Der beliebteste Buchladen der Straßburger ist aufgrund seiner großen Auswahl die FNAC:
Maison Rouge
place Kléber
Deutschsprachige Bücher sowie Werke über elsässische Sitten und Gebräuche, Geschichte und Kultur (Alsatiques) gibt es in zwei großen Buchhandlungen im Zentrum:

Kein Essen ohne Baguette, unverzichtbar für alle Franzosen

Librairie Kléber
1, rue des Francs-Bourgeois (Nähe place Kléber)
Librairie Oberlin
19, rue des Francs-Bourgeois
Librairie Gangloff Hier erhalten Sie antiquarische Bücher und Stiche.
20, place de la Cathédrale

Delikatessen (Charcuterie/Traiteur)

Verführerisch verlocken bereits die Schaufenster: Käse- und Fleischpasten (tourte au fromage oder à la viande), Hechtbällchen (quenelles au brochet), Lachs geräuchert (saumon fumé) oder im Blätterteig (en croute), Schnecken (escargots) und Muscheln (coquilles St-Jacques), Schinken im Teig (jambon en croute), Pilzragouts (ragout de champignon), gebratene Küken (poussin rôti) …
Arso 7, rue de la Mésange
Frick-Lutz 16, rue des Orfèvres
Kraft 25, rue des Hallebardes
La Toque Blanche 36, rue des Hallebardes

Gänseleber

Diese Delikatesse darf nur in ihrer reinsten Form die Qualitätsbezeichnung »foie gras entier« (mit oder ohne Trüffel) tragen und kostet mindestens 300 Mark pro Kilo. Wenn »Paté«, »Mousse« oder »Parfait« auf der Verpackung steht, ist die fette Köstlichkeit gestreckt. Fast um die Hälfte preiswerter ist Entenleberpastete, die etwas kräftiger im Geschmack ist. Der Grund: Gänse bekommen nur einmal pro Jahr Nachwuchs zum Mästen, Enten mehrmals. Da die einheimischen Gänse den Bedarf bei weitem nicht decken, wird die Leber aus Polen, Ungarn und Israël importiert und in Straßburg verarbeitet. Auf Gänseleber spezialisiert sind:

La Boutique du foie gras 6, rue Friese
Chez Emile 31, place Kléber
Jean-Paul Kirn 19, rue du 22 Novembre und place Gutenberg
Jean Lutz 5, rue du Chaudron

Käse

In Frankreich gibt es 400 verschiedene Käsesorten; aus dem Elsaß kommt der stark riechende Münsterkäse, rund und rot, dessen Reifegrad man mit leichtem Daumendruck überprüft. Sehr große Auswahl in:

Galeries Gourmandes
Centre Halles, place des Halles
In den kleineren »fromageries« wird man individuell beraten:

Au Bec Fin 8, rue des Orfévres
Au Vieux Gourmet 3, rue des Orfèvres
Gourmet Shop 18, rue de la Mésange
Les Artisans Fromagers
8, rue des Serruriers

Für Kinder

Franzosen sind kinderfreundlich, das Angebot an Kinderkleidung ist reich und hübsch, aber die Preise sind auch entsprechend:
Bébé Royal
1, rue du Dôme
Toison d'Or In diesem Kinderspielzeuggeschäft gibt es 2500 Modelle von Stofftieren in allen Größen.
5, rue de la Nuée-Bleue

Kinoplakate

Affiches de Cinéma Führt Posters und Szenenfotos alter und neuer Kinofilme in allen Größen.
19, rue des Orfèvres

Postkarten

Recto-Verso Hier werden Sammler fündig. Das Angebot umfaßt 100 000 Postkarten von 1890 bis heute mit Motiven aus der Region und aller Welt zu Preisen von 5–150 F. Auch Tauschgeschäfte sind möglich.
3, place Henri Dunant

Schallplatten

Frankreich bietet nicht nur Chansons, auch unter den Top Ten findet man zahlreiche erstklassige Interpreten (Jean-Jacques Goldmann, Renaud, Claude Nougaro, Serge Gainsbourg, Jacques Dutronc, France Gall, Indochine).

FNAC place Kléber

Wolf Musique Hier kann man Platten anhören.
24, rue de la Mésange

Schokolade

Die »Confiseurs/Chocolatiers« stellen ihre Schokoladen-Leckereien selber her. Das verleiht den Likör- und Cognac-Trüffeln, den Mokka- und Marzipan-Pralinen und den Nougatstückchen mit alkoholgetränkter Rosinenfüllung eine schmelzende Frische.
Christian
10, rue Mercière
Léonidas
13, place de la Cathédrale
Olivier
5, rue de la Mésange
Riss
35, rue du 22 Novembre
Winter
25, rue du 22 Novembre

Souvenirs

Töpferwaren aus Betschdorf und Soufflenheim gehören zu den qualitativ hochwertigen Mitbringseln. Keramik und Kunstgewerbe aus dem Elsaß, Weingläser und Trachtenpuppen mit dem Gütesiegel »Souvenir de France Alsace Authentique« sind in Handarbeit hergestellt.
Anthea Führt seltsame und ungewöhnliche Federmasken, Figuren und originelle Kunstobjekte.
11, rue des Serruriers
Faiencerie Petite France Kupferwaren, Fayencen und Zinnobjekte

mit Straßburger Motiven aus dem 18. Jahrhundert.
23, rue du Bain-aux-Plantes

La Hulotte Hier finden Sie eine große Auswahl an bemalter Keramik und wunderhübschen kleinen Dekorationsstücken: witzige Tierfiguren und elsässische Bauernhäuser. Lohnt sich!
17, rue du Bain-aux-Plantes

Poteries et Grès d'Alsace Ein Spezialgeschäft für handbemalte Keramik und Steingut nach elsässischer Tradition.
3, rue des Frères

Sportkleidung

Centre Halles Alles für Jogger, Tennisspieler und Fußballer.
quai Kléber

Athlete's Foot Der Spezialist für Sportschuhe.
10, place Kléber

Warenhaus

Centre Halles 130 Boutiquen auf 36 500 Quadratmetern mit unterirdischen Parkplätzen, zwei Hotels, Schnellimbissen, Cafés, Fernost-Läden, Oberbekleidung, Schuhen, Parfümeriewaren, Dessous und dem Feinkost- und Weinmekka »Galeries Gourmandes«.
Lange Öffnungszeiten: Mo–Fr 9–20 Uhr, Sa 9–18 Uhr
place des Halles
quai Kléber

Weine

Gute Jahrgänge für Elsässer Riesling, Sylvaner, Pinot oder Gewürztraminer sind 1985, 1983(!) und 1981.
Wem Champagner zu teuer ist, kann vertrauensvoll einen »Crémant d'Alsace« kaufen, den regionalen Schaumwein. In den Supermärkten und Warenhäusern ist das Angebot groß und etwas preiswerter als in den kleinen Läden.

Galeries Gourmandes
Centre Halles, quai Kléber

Au Millésime Bietet Weine aus mindestens 300 sorgfältig ausgewählten Anbaugebieten.
28, avenue de la Marseillaise

La Sommelière Feine Weine aus ganz Frankreich, Cognac und ausgewählte Schnäpse (eaux-de-vie).
1, rue du Fossé des Tailleurs

Nicolas Kenner, die etwas Besonderes für festliche Stunden suchen, werden hier individuell beraten. Non-plus-Ultra: Champagner mit Jahrgang.
18, rue des Orfèvres

Weihnachtsmarkt

Der »Christkindelsmärik«, einer der ältesten Europas, ist bekannt für seine Fülle an Baumschmuck und qualitätskontrolliertem Kunsthandwerk.
Vom 1.–24. Dez.
place Broglie

Wochenmärkte

Marché du Boulevard de la Marne Gehört zu den Treffpunkten der Stadt und bietet vom Trüffel und Pfifferling bis zum halben Zicklein größte Auswahl an Lebensmitteln, Bio-Kost direkt vom Bauern, preiswerte Gänseleber(!), außerdem noch Korbwaren und Küchenartikel.
Di u. Sa 8–13 Uhr
boulevard de la Marne
Bus 2, 12 u. 15

Zeitungen/Zeitschriften

Maison de la Presse Internationale und nationale Presse, Comic-Strips (auch erotische), Postkarten und Bücher.
15, rue de la Haute-Montée
(Nähe place Kléber)

Essen und Trinken

»War nit liebt Win, Weib und G'sang/Der blibt e Narr sin Läwe lang« sagen die Elsässer, die Essen und Trinken zu einer kulinarischen Kunst entwickelt haben. Die Grenzland-Einflüsse bringen sie auf folgenden Nenner: die Franzosen essen gut und wenig, die Deutschen schlecht und viel, und die Elsässer gut und viel. Allerdings erst ab Mittag, um sich langsam auf den Höhepunkt am Abend vorzubereiten. Das Frühstück (petit-déjeuner) beschränkt sich auf einen express mit einem croissant oder pain au chocolat. Auch mittags begnügt man sich zum déjeuner häufig mit einem Gericht »à la carte« oder mit dem »plat du jour«, der meistens aus Fleisch, Pommes frites und einer Salat-Beilage besteht. Abends wird es dann gemütlicher: man beginnt mit einem Aperitif, einem Ricard (Anisschnaps), Picon (Bier mit Orangenlikör), Kir (Weißwein mit einem Schuß Johannisbeerlikör) oder Martini. Die Vorspeise (hors-d'œuvre) soll den Geschmackssinn befriedigen und nicht den Magen füllen, da reicht eine salade frisée aux lardons (Salat mit gebratenen Speckstücken), sechs escargots (Schnecken) oder ein Stück Gänseleber. Das Hauptgericht nennt man im Elsaß gern »plat de résistance«. Es besteht aus einem Stück Fleisch mit Gemüse oder Salatbeilagen, zu dem man sich einen passenden Wein aussucht. Dann kommt der Käse an die Reihe und als Nachtisch werden eisige Köstlichkeiten und Torten angeboten. Der anschließende Digestif, ein Cognac oder Schnaps, hilft der Verdauung, und zum Abschluß trinkt man noch einen express. In feinen Restaurants folgt nach dem hors-d'œuvre ein kleines Zwischengericht in Form eines exquisiten Fisch-Happens. Frisches Weißbrot hingegen gehört zu jeder französischen Mahlzeit, von der einfachsten bis zur feinsten. Das Mittagessen wird zwischen 12 und 14.30 Uhr, das Abendessen (dîner) zwischen 19 und 22 Uhr serviert. Zwischen diesen Hauptzeiten bieten nur wenige Restaurants warme Gerichte an.

Elsässische Spezialitäten

Die typischen Gerichte der Region gehen zurück auf eine deftige und nahrhafte Hausmannskost für die schwer arbeitende Landbevölkerung. Die Anpassung der elsässischen Küche an die hohen Ansprüche städtischer Gourmets hat die Speisenfolge erleichtert und ihr feinste geschmackliche Vollendung verliehen. Für die hart konkurrierenden Restaurants ist das eine Überlebensfrage, denn auch der einfachste Straßburger ist ein kritischer Kostgenießer, der beim

Ein kleiner Imbiß am Ufer der Ill gehört zu jedem Straßburg-Besuch

Essen keine Geschmacksirrtümer duldet. Franzosen aus anderen Regionen des Landes beurteilen die elsässische Küche bisweilen mit wohlwollender Herablassung. Anhänger der Nouvelle Cuisine verkraften kaum die außerordentlich großzügigen und reichhaltigen Portionen, die nach hemmungslosem Genuß schwer im Magen liegen können. Deshalb haben manche Franzosen in Straßburg, was das Essen betrifft, größere Umstellungsprobleme als deutsche Besucher.

Vorspeisen

Escargots à l'alsacienne In Weißwein und einem Kräuter-Sud gekocht erhalten die Schnecken ihr Aroma und werden durch die feine Knoblauchbutter zu einer würzigen Delikatesse. Man serviert sie im halben oder ganzen Dutzend kochend heiß im Gehäuse (nicht in Keramik-Näpfen). Dazu paßt ein Riesling.

Crudités de la saison Ein je nach Jahreszeit zusammengestellter Rohkostsalat mit Vinaigrette-Sauce.

Cuisses de Grenouilles au Riesling Gebratene Froschschenkel, die vorher in einer gewürzten Riesling-Sauce eingelegt wurden, was ihnen ein besonderes Aroma verleiht. Dazu trinkt man einen Riesling.

Flammekueche Der mit Quark und Sahne durchtränkte, hauchdünne Brotteig wird mit gehackten Zwiebeln und Speckstückchen bestreut. Bei der Variation »gratinée« kommt noch geriebener Käse hinzu. Der rechteckige Flammekuchen wird auf dem Holzkohlenfeuer gebacken und auf einem Holzbrett serviert. In Portionen zerteilt rollt man ihn zusammen, um die Wärme zu erhalten. Mit einem Sylvaner ist das eine deftige Köstlichkeit.

Foie Gras de Strasbourg Die Gänseleber ist die feinste Vorspeise und wird in kleiner Portion meistens mit Toast serviert. Trinken Sie dazu entweder einen Klevner oder einen Tokay.

Jambon en croute Der leicht gesalzene und geräucherte Schinken im Brotteig ist eine sehr reichhaltige Vorspeise und kann deshalb auch Hauptgericht sein.

Pâté en croute Eine Fleischpastete im Teig, häufig mit einem Rohkostsalat garniert. Sylvaner wird dazu empfohlen.

Preßkopf Das Fleisch eines gekochten Schweinekopfes wird in feine Scheiben geschnitten und kalt in Gelee mit einer Vinaigrette-Sauce serviert. Ist ein traditionelles Gericht, das auf dem Land zur Schlachtzeit gegessen wird und mit einem Sylvaner oder Pinot Blanc gut harmoniert.

Salade frisée aux lardons Salat mit gebratenen Speckstücken in einer Vinaigrette. Probieren Sie dazu einen Sylvaner.

Salade Mixte Cervelatwurst in Scheiben und geriebener Schweizer Käse in einer Vinaigrette-Sauce sind Bestandteile dieses Salats. Er war ursprünglich eine Stärkung für die Arbeiter im Weinberg. Edelzwicker schmeckt gut dazu.

Tarte à l'oignon »Ziwelwaia« heißt der Zwiebelkuchen auf elsässisch, der mit einer Bechamelsauce und manchmal auch mit Speckstükken angereichert wird. In Weinstuben trinkt man dazu gern ein Glas Edelzwicker oder Sylvaner.

Hauptgerichte

Die hier vorgestellten Speisen existieren in zahlreichen Variationen, von denen auch die Auswahl des passenden Weines abhängt.

Asperges Zum Spargelessen fährt man im Frühjahr in das Hauptanbaugebiet von Hoerdt, nördlich von Straßburg. Der Spargel wird von gekochtem und rohem Schinken begleitet und mit einer holländischen Sauce, einer Mayonnaise und einer Vinaigrette serviert. Dazu paßt ein Muscatwein.

Baeckeoffe Ist ein typisches Eintopfgericht aus Hammel-, Rind- und Schweinefleisch zwischen vier Schichten Kartoffeln und Zwiebeln. Ein besonderes Aroma erhält das Gericht dadurch, daß man das Fleisch 24 Stunden lang in Weißwein einlegt und es dann in einem elsässischen Tontopf gebacken wird. Baeckeoffe wird häufig in Weinstuben serviert. Sie sollten dazu einen Riesling bestellen.

Choucroute garnie à l'Alsacienne Das Sürkrüt ist der Inbegriff elsässischer Küchentradition, besonders was die Menge betrifft. Auf einem weißweindurchtränkten Sauerkrautbett türmen sich Kassler, Räucherspeck, Straßburger Knackwürste, geräucherte Schweineschulter, Schweinshaxe und Leberknödel mit Salzkartoffeln. Dazu trinkt man üblicherweise ein Bier oder einen Riesling.

Coq au Riesling Ein zarter Masthahn wird in Riesling gebraten, mit frischem Champignons garniert und mit hausgemachten Spätzle serviert. Ein Riesling als Begleitung bietet sich an.

Grumbeerekiechle Das sind einfache, aber deftige Kartoffelpuffer mit Eiern und Gewürzen. Man serviert sie häufig als Beilage zum Braten und kann dazu einen Pinot Blanc trinken.

Lewerknepfle Knödel aus Schweine- oder Rinderleber mit Eiern und verschiedenen Gewürzen. Sie gehören zum Sauerkrautgericht oder werden mit einem Rote-Beete- oder Löwenzahn-Salat (Pissenlits) serviert. Dazu paßt ein Edelzwicker.

Matelote au Riesling Ein Fischgericht, das aus vier oder fünf verschiedenen Sorten zubereitet wird: Hecht, Aal, Schleie, Barsch oder Forelle. Der besondere Geschmack entsteht durch die Weißweinsauce, die mit Rahm, Cognac, Kräutern und Knoblauch verfeinert wird. Dazu werden frische Nudeln gereicht. Trinken Sie dazu einen Riesling.

Schieffala Geräucherte Schweineschulter in Meerrettichsauce, zu der Kartoffelsalat, eingelegte Zwiebeln und Gewürzgurken gereicht werden. Zu diesem deftigen Gericht schmeckt ein Pinot Blanc sehr gut.

Süri Nierle In Rotwein und Essig eingelegte und gebratene Nierenscheiben, die mit Kartoffelbrei serviert werden. Als Begleitung empfiehlt sich ein Pinot Noir.

Süri Rüewe Dieser Colmarer Eintopf besteht aus weißen Rüben und geräuchertem Schweinefleisch und wird in einer gewürzten Weißweinsauce gekocht. Dazu werden Salzkartoffeln gereicht. Mit einem Sylvaner als Begleitung ist dieser herzhafte Eintopf sehr lecker.

Truite au Riesling Die Forelle wird in einer Riesling- und Gewürzsauce gekocht, mit Sahnesauce verfeinert und mit frischen Champignons und Blätterteighappen garniert. Probieren Sie dazu mal einen Sylvaner.

Käse

Münsterkäse Im Käseland Frankreich mit etwa 400 verschiedenen Sorten hat das Elsaß eine Spezialität zu bieten, die stark riecht, einen hervorragend würzigen Geschmack hat und schwer im Magen liegen kann. Bereits im Jahr 750 soll dieser Weichkäse aus Kuhmilch im Benediktinerkloster in Münster hergestellt worden sein. Die Milchbauern der Fermes-Auberges der Hochvogesen produzieren heute etwa 500 Tonnen Münsterkäse pro Jahr auf traditionelle Art (»Münster Fermier«). Nach drei bis vier Wochen Lagerung im kühlen Keller kann der runde Käse mit der rötlichen Rinde gegessen werden. Mit einem Daumendruck überprüft man die Qualität. Wenn die Delle im Käse schnell wieder verschwindet, hat er den richtigen Reifegrad. Zur besseren Verdauung ißt man den pikanten Münster mit Kümmel und trinkt vorzugsweise einen Gewürztraminer dazu.

Nachspeisen

Kugelhopf Ist ein locker gebackener Hefekuchen mit Mandeln oder Rosinen. Es gibt ihn auch in schmackhafter Variation mit Schinkenstücken.

Obstkuchen Elsässischer Apfelkuchen schmeckt köstlich, weil er nicht zu süß ist und einen flachen Teigboden hat. Gleiches gilt für die anderen Obstkuchen mit Zwetschgen, Johannisbeeren oder Blaubeeren.

Sorbet au Gewürz Zitroneneis mit einem guten Schuß marc de Gewürz oder einem anderen kräftigen Schnaps.

Elsässische Weine

Weine aus dem Elsaß genießen im In- und Ausland einen sehr guten Ruf. Über ein Viertel der Jahresproduktion von etwa 900 000 hl wird exportiert, ein Großteil in die Bundesrepublik, aber auch in Los Angeles findet man die typischen hohen schlanken Flaschen (»Flûte d'Alsace«) in den Regalen der Supermärkte. Die Anbaufläche von etwa 13 000 ha erstreckt sich von den Hügeln am Rande der Vogesen bis in die Rheinebene. 90 Prozent der elsässischen Weinproduktion besteht aus trockenen Weißweinen, und war ohne den geringsten Zuckerrest, der in Deutschland den »halbtrockenen« Weinen den milden Geschmack verleiht. Nur einige Schaumweine gibt es in milder bis lieblicher Geschmacksrichtung, die dann als »sec« oder »demi-sec« bezeichnet werden. Trocken heißt jedoch nicht »sauer« oder »herb«. Sylvaner oder Pinot blanc zum Beispiel haben eine angenehme, nicht zu starke Fruchtsäure. Wie gut elsässische Weine wirklich schmecken, merkt man bei der Kombination mit den richtigen Speisen. Die besten Weine aus edlen Rebsorten und ausgesuchten Anbaugebieten tragen die Qualitätsbezeichnung »Appellation d'Alsace contrôlée«. Zur einsamen Spitzenklasse gehören die Weine mit der Appellation »Alsace Grand Cru«, die den Flascheninhalt als ein streng kontrolliertes Produkt aus den besten Lagen ausweist. Diese 1975 eingeführte Bezeichnung ist auf Gewürztraminer, Pinot Gris, Riesling und Muscat beschränkt. Der Hinweis auf dem Etikett »mis en bouteille à la propriété« (Erzeugerabfüllung) ist ebenfalls ein Maßstab für

Maison Kammerzell, das schönste Haus der Stadt. Die geschnitzte Caritas symbolisiert die Nächstenliebe

SELS
BETA
DAS
GES
ICHT

Qualität im Unterschied zum Wein eines Großhändlers (coopérative). Die Aufschrift »Vin d'Alsace« bedeutet, daß der Wein im Elsaß abgefüllt wurde. Zu den sehr guten Jahrgängen gehören 1981, 1985 und besonders 1983. 1986 hat mit einer vierwöchigen Schönwetterperiode ab dem 20. September beachtliche Riesling- und Gewürztraminer-Weine hervorgebracht. Elsässischen Wein trinkt man im allgemeinen »jung«, nach 2 bis 5 Jahren Lagerzeit. Während die anderen französischen Weine den Namen ihrer Ursprungsregion (Bordeaux, Bourgogne, Côtes du Rhône) tragen, werden sie im Elsaß nach der Rebsorte benannt, aus der sie hergestellt wurden.

Die Rebsorten

Crémant d'Alsace Ist ein preiswerter Ersatz des teuren Champagners. Dieser Schaumwein wird nach dem Champagner-Verfahren (méthode champenoise) hergestellt. Man verwendet dafür die Rebsorten Pinot Blanc, Pinot Gris oder Pinot Noir. Qualitätskontrolle im Glas: sehr feine und anhaltend aufsteigende Perlen, dauerhafter Schaumring, goldgelbe Farbe. Eignet sich als Aperitif pur oder als »Kir Royal« mit einem Schuß Johannisbeerlikör.

Edelzwicker Ein Verschnittwein, der entweder aus Sylvaner und Pinot, Sylvaner und Riesling oder Sylvaner und Traminer besteht. Als leichter Wein ist er ein guter Durstlöscher und paßt zu Vorspeisen, kalten Salaten oder zu Schweinshaxe.

Gewürztraminer Ein kräftiger, trockener Wein, der manchmal mild ist und ein herrliches Bukett entfaltet. Die letzten außergewöhnlichen Jahrgänge waren 1971 und 1983. Als sehr gut gelten 1978, 1979 und 1981. 1982 und 1984 waren durchschnittlich. Qualitätsmerkmale: goldgelbe Farbe, harmonischer Körper und nachhaltig im Geschmack. Man kann ihn als Aperitif trinken oder zum Dessert. Wenn er voll und körperreich ist, auch zum pikanten Münsterkäse.

Klevner Diese Weine werden auch als Pinot Blanc bezeichnet. Es sind keine sehr anspruchsvollen Sorten, jedoch mit einer angenehmen Frische. Oft ist ein guter Klevner um einiges besser als kleine Riesling-Weine. 1985 war ein guter Jahrgang. Qualitätsmerkmal: sein fruchtiger, aromatischer Charakter. Außer zum Käse und Dessert paßt er zu allen Gerichten.

Muscat Die spät reifende Muscat-Traube wird in den besten Lagen angebaut. Dieser Wein ist die liebliche Ausnahme unter den trockenen Elsaß-Weinen und sein Qualitätsmerkmal ist der Duft und Geschmack frischer Trauben. Deshalb eignet er sich zum Aperitif und als Begleitung zum Dessert.

Pinot Blanc → Klevner
Pinot Gris → Tokay

Pinot Noir Wird aus der besten roten Traubensorte der nördlichen Anbaugebiete gewonnen. Weiter verbreitet als der echte Rotwein ist der Rosé-Typ. Er ist trocken und fruchtig. Qualitätsmerkmal der roten Typen: rubinrote Farbe und ein Aroma von Brombeeren und Kirschen. Qualitätsmerkmal der Rosé-Weine: intensive rosa Farbe und ein Aroma von roten Früchten. Er paßt zu vielen Gerichten: sauren Nieren, Zwiebelkuchen oder zu Bœuf au Pinot Noir.

Riesling Er ist der klassische Wein des Rheintals. Um ausgezeichnete Qualität zu erlangen, muß er aus einer guten Lage stammen. 1983 war ein bemerkenswerter Jahrgang, 1982 war gut, 1984 ein durchschnittliches Jahr. Qualitätsmerkmale sind die blaßgelbe Farbe, ein Aroma von Blüten und Kräutern und ein fruchtiger Geschmack. Man trinkt ihn besonders zu Fisch, Krustentieren und Meeresfrüchten, zu Sauerkraut auf elsässische Art und natürlich zum Coq au Riesling.

Sylvaner Ein leichter Wein, etwas säuerlich, aber frisch und fruchtig. Kritische Weinkenner würden ihn als etwas anspruchslos bezeichnen, er ist jedoch sehr angenehm und durstlöschend. Sein Qualitätsmerkmal ist die Ausgewogenheit im Geschmack. Man serviert ihn gern zu kalten und warmen Vorspeisen, zu Sauerkraut und Meeresfrüchten und besonders gern zu Austern.

Tokay Auch als Pinot Gris bekannt. General de Schwendi soll den Tokayer im 17. Jahrhundert aus Ungarn mitgebracht haben. Der Wein hat ein schweres Aroma und ist füllig im Geschmack. 1983 war ein außergewöhnlicher Jahrgang, sehr gut war 1981. Qualitätsmerkmale sind die Bernsteinfarbe, ein Aroma von getrockneten Früchten und Blüten und der typische Räuchergeschmack. Schwere Typen können bei Fleischgerichten einen Rotwein ersetzen, der 83er paßt sehr gut zu Gänseleberpastete.

Restaurants

In Straßburg gibt es etwa 620 Restaurants und Weinstuben. Essen kann man fein und französisch, deftig einfach und elsässisch, italienisch, arabisch und fernöstlich. Mittags wird zwischen 12 und 14.30 Uhr serviert, abends zwischen 19 und 22 oder 23 Uhr. Für alle Lokale gelten die französischen Sitten: es ist nicht üblich, sich selber einen Tisch zu suchen, auch wenn das Restaurant kaum besetzt ist. Man wartet am Eingang, bis einem ein Platz zugewiesen wird. Bei einer Tischrunde mit mehreren Personen ist es auch nicht üblich, die Rechnung getrennt zu bezahlen. Das treibt französische Kellner zur Verzweiflung. Man zahlt die Rechnung gemeinsam und teilt den Betrag untereinander. Bei der hier vorgestellten Restaurant-Auswahl muß berücksichtigt werden, daß sich die Restaurant-Szene durch Neueröffnungen und Schließungen rasch ändern kann. Auch der Wechsel von Besitzern oder Chefköchen kann dramatische Auswirkungen auf die Qualität des Angebots haben. Am preiswertesten satt wird man in einfachen Lokalen mit dem »plat du jour« (Tagesgericht), der häufig auf einer Tafel am Eingang angeschlagen ist. Dazu trinkt man ein Bier oder einen offenen Wein (vin en pichet). Diese Restaurants haben wir hier nicht eigens aufgeführt. Ein »sehr gutes Essen« muß für die anspruchsvollen Elsässer vier Kriterien erfüllen: die stilechte Einrichtung des Gastraumes, die Aufmerksamkeit und Freundlichkeit der Bedienung, die Präsentation der Speisen auf dem Teller und natürlich die geschmackvolle Harmonie der Speisenzusammenstellung. Danach wird auch die Höhe des Trinkgeldes bemessen. Die Bedienung ist beim Menü meist im Preis enthalten. In besseren Restaurants ist es üblich, 10 bis 15 Prozent Trinkgeld zu geben. Für einen besseren Überblick haben wir die Menüpreise pro Person inklusive Getränk in drei Kategorien eingeteilt (Stand: Sommer 1988):

1. Kategorie	Restaurants der Spitzenklasse:	180–450 F
2. Kategorie	Restaurants der Mittelklasse:	120–300 F
3. Kategorie	Billige bis preiswerte Restaurants und Weinstuben:	60–120 F

In den Restaurants der 1. u. 2. Kategorie empfiehlt sich unbedingt eine vorherige Reservierung. Grundsätzlich gilt: je teurer das Restaurant, desto kleiner die Portion, die allerdings dann hervorragend schmeckt.

Amilkar Es gibt viele fremdländische Restaurants in Straßburg, von denen wir Ihnen nur dieses besonders empfehlen möchten. Hier schmeckt die tunesische Küche mit Couscous, Tajin und Salaten am besten. Der Gastraum ist allerdings viel zu klein. Ohne Reservierung ist es aussichtslos, einen Platz zu bekommen.
13, rue des Soeurs
Tel. 88 35 58 29
So geschl.
3. Kategorie

L'Ancienne Douane Ein großes, häufig von Touristen bevölkertes Lokal mit durchgehend warmer Küche zwischen 12 und 24 Uhr. Geboten werden traditionelle elsässische Gerichte, die auf der herrlichen Terrasse mit dem Blick über die Ill am besten schmecken.
6, rue de la Douane
Tel. 88 32 42 19
Tgl. geöffnet
3. Kategorie

L'Arsenal Gehört zu den »In«-Restaurants, in dem sich Politiker und die kulturelle Intelligenz treffen. Hier wird die exklusive Gastfreundschaft des verstorbenen Hausherrn Tony Schneider bewahrt. Im ersten Stock hat sich der Freund des Hauses, Tomi Ungerer, mit erotischen Fröschen und anderen Zeichnungen verewigt. Die Spezialitäten des Kochs Jean-Louis Schneider sind raffinierte elsässische Gerichte, die man in stilechtem Rahmen genießt.
11, rue de l'Abreuvoir; Krutenau
Tel. 88 35 03 69
Sa u. So geschl.
2. Kategorie

La Bague d'Or In diesem Alt-Straßburger Lokal mit durchgehend warmer Küche von 9 bis 22 Uhr hat sich seit Jahrzehnten nichts verändert. Man trifft die Bewohner des Viertels und die Journalisten der Regionalzeitung. Das Essen ist einfach und gut.
7, rue de l'Eglise
Tel. 88 32 47 42
So geschl.
3. Kategorie

Le Bec Doré Ist auf Geflügel in allen Variationen spezialisiert. Taube, Ente, Fasan und zartes Huhn, natürlich auch Gänseleber.
8, quai des Pêcheurs
Tel. 88 35 39 57
Mo u. Di geschl.
2. Kategorie

Bistro de la Gare Hier bekommt man wirklich gutes Essen zu Niedrigpreisen – Salate, Entenleber, Geflügel und Fleisch schmecken am besten auf der Terrasse.
18, rue du Vieux-Marché-aux-Grains (Nähe place Gutenberg)
Tel. 88 22 43 75
3. Kategorie

Le Buerehiesel Dieses auserlesene Restaurant in einem alten Bauernhaus liegt mitten im herrlichen Park der Orangerie. Jeder Gast wird mit größter Aufmerksamkeit bedient und beraten. Serviert werden feinste Fisch- und Fleischspeisen und die Auswahl an französischen Weinen ist beeindruckend. Der Rahmen ist vornehm-rustikal und passend für festliche Anlässe.
4, parc de l'Orangerie
Tel. 88 61 62 24
Di abend u. Mi geschl.
1. Kategorie

Chez Julien Der Koch versteht sich auf ausgewählte Zusammenstellungen der französischen Nouvelle Cuisine wie Spargel im Blätterteig, Fischsalat oder Lammfilet. Man wird aufmerksam bedient und der Rahmen ist intim. Der schöne alte Gastraum ist im Stil der 30er Jahre eingerichtet und eignet sich für ein vertrauliches dîner à deux.
22, quai des Bateliers

Tel. 88 36 01 54
Sa u. So geschl.
2. Kategorie

La Cambuse Die Speisekarte ist ebenso klein und fein wie der holzgetäfelte Gastraum, der an die Kapitänskajüte eines noblen Segelschiffes erinnert. Fischsuppe, Aalsalat oder Lachsfilet schmecken köstlich. Die Weinkarte bietet dazu auserlesene Tropfen.
1, rue des Dentelles, La Petite France
Tel. 88 22 10 22
So geschl.
2. Kategorie

La Choucrouterie Die Sürkrütstub mit dem angeschlossenen Theater ist das »In«-Restaurant der regionalen Kulturszene. Hier wird bei verschiedenen Sauerkrautgerichten viel gelacht und manchmal auch gesungen.
20, rue St-Louis; Finkwiller
Tel. 88 36 52 87
Mo geschl.
2. Kategorie

La Cour des Chasseurs Um Flammekuchen zu essen, machen Kenner einen kleinen Ausflug aufs Land. Dieses bei Familien beliebte Restaurant liegt fünf Kilometer nördlich von Straßburg.
47, Faubourg d'Alençon; La Wantzenau
Tel. 88 96 24 83
Mo geschl.
3. Kategorie

La Crêpe Gourmande Die bretonischen crêpes aus Weizen- oder Hafermehl mit Fleisch-, Gemüse- oder Käsefüllung sind bei dem hauptsächlich jugendlichen Publikum sehr beliebt. Als Dessert werden die crêpes mit Früchte-Einlage serviert.
11, rue des Tonneliers
Tel. 88 22 12 82
So geschl.
3. Kategorie

Au Crocodile Der Chefkoch Emile Jung gehört zu den französischen Meistern seines Fachs. Man braucht nur seinen Langustensalat, die Zander mit Wachholderbeeren oder Täubchen mit Steinpilzen zu probieren. Die Preise sprengen jedoch auch die oberste Kategorie. Europäische Politiker treffen sich trotzdem gern hier.
10, rue de l'Outre
Tel. 88 32 13 02
So und Mo geschl.
1. Kategorie

La Grande Vitesse Der Weg bis in die Nähe des Bahnhofs lohnt sich für Feinschmecker mit schmalem Geldbeutel. Der Gastraum ist einfach, aber die Küche mit elsässischen Gerichten und Fleischspeisen gut und originell.
54, rue de la Course
Tel. 88 32 47 25
Sa u. So geschl.
3. Kategorie

Lohkäs In dem Gastraum mit einem altertümlichen mechanischen Orchester kann man verschiedene Sauerkrautgerichte und Gänseleber nach Hausmacherart probieren. Zu den Spezialitäten gehört der Fasan mit Rosinen. An den Wänden sind alle elsässischen Schnäpse (eaux de vie) aufgereiht, es gibt aber auch Bier vom Faß.
25, rue du Bain-aux-Plantes; La Petite France
Tel. 88 32 05 26
Do geschl.
2. Kategorie

La Maison du Bœuf Hummer, Fleisch- und Wildgerichte gehören zu den Spezialitäten des Hauses, in dem man bisweilen hochstehenden Persönlichkeiten begegnet.
Hotel Hilton
Avenue Herrenschmidt
Tel. 88 37 10 10
Sa u. So geschl.
1. Kategorie

Maison des Tanneurs

La Maison des Tanneurs Die »Gerwerstub« (linkes Bild) ist die erste Adresse für ausgezeichnete Sauerkraut-Gerichte. Wenn man in dem gemütlichen und traditionell eingerichteten Gastraum einen Tisch am Fenster erwischt, hat man einen herrlichen Blick auf die Ill.
42, rue du Bain-aux-Plantes; Petite France
Tel. 88 32 79 70
So u. Mo geschl.
2. Kategorie

La Mauresse Eine feine Adresse für Liebhaber von Fisch und Meeresfrüchten. Austern, Langusten, Hummer... Der Gastraum ist modern und im Schifferstil eingerichtet.
7, rue du Vieux-Marché-aux Poissons
Tel. 88 75 55 27
Tgl. geöffnet
2. Kategorie

L'Os à Moëlle Ein sympathischer Treffpunkt für Fleischesser. Die Spezialität des Hauses ist gegrillter, längsaufgeschnittener Markknochen, der ausgelöffelt wird. Filet, Steak oder Chateaubriand sind saftig und zart. Auch die Salatplatten, vegetarisch oder exotisch, reichen als Sattmacher. Eilige werden schnell bedient.
5, place du Temple Neuf
Tel. 88 22 69 39
Tgl. geöffnet
3. Kategorie

Le Petit Maxim Beliebtes Restaurant mit abendlicher Klavierbegleitung und warmer Küche bis in die frühen Morgenstunden. Im Erdgeschoß und im 1. Stock gibt es italienische Küche. »Le Colony's« im 2. Stock ist ein Gourmet-Restaurant mit elsässischen Spezialitäten und Meeresfrüchten.
4, place de l'Homme-de-Fer
Tel. 88 32 50 38
Tgl. geöffnet
2. Kategorie

Le Rathsamhausen Spezialität dieses gepflegten elsässischen Restaurants ist das »Choucroute«-Gericht mit Rotkraut, das leichter zu verdauen ist als die Weißkohl-Variante. Die große Auswahl an Weinen kann man Glas für Glas durchprobieren!
9, rue des Dentelles, La Petite France
Tel. 88 23 51 61
2. Kategorie

Au Renard Prêchant Die Einrichtung dieses Restaurants in einer früheren Kapelle gibt dem Lokal eine besondere Atmosphäre. Es wird hauptsächlich von Insidern und selten von Touristen bevölkert. Den geschichtsträchtigen Namen »Wo der Fuchs den Enten predigt« läßt man sich am besten vom Wirt erklären. Die Kalbsschnitzel in Armagnac oder Rindersteaks mit Pilzen stellen jeden Gourmet zufrieden.
34, rue de Zurich; Krutenau
Tel. 88 35 62 87
So geschl.
2. Kategorie

Au Rocher du Sapin Eines der seltenen Gasthäuser mit tagsüber durchgehend warmer Küche. In dieser einfach eingerichteten Gaststube mit guter Hausmannskost trifft sich eine Stammkundschaft aus den umliegenden Geschäften.
2, rue du Noyer
Tel. 88 32 68 33
Mo u. Di geschl.
3. Kategorie

Le Saladier Salate in allen Variationen und Größen verspeist man bei Kerzenschein. Die Speisekarte bietet Salade de crudités (Rohkostsalat), Salade alsacienne (mit Käse und Wurst) oder ganz fein mit Avocados, Krabben und Hummersoße.
12, rue des Ecrivains (hinter der Kathedrale)
Tel. 88 35 65 93
So geschl.
3. Kategorie

Valentin Sorg Das klimatisierte Restaurant mit Panoramablick über die Dächer von Straßburg gehört zu den feinsten Adressen. Köstlich schmecken die warme Gänseleber, das Kalbsmedaillon, Wildente oder zum Nachtisch crêpes in Kirschwasser.
6, place de l'Homme-de-Fer
Tel. 88 32 12 16
So u. Di geschl.
1. Kategorie

Weinstuben

Die Winstubs sind eine typisch elsässische Einrichtung, die auf das vergangene Jahrhundert zurückgeht. Damals mieteten die Weinbauern in der Hauptstadt des Elsaß kleine Lokale, um ihren Rebsaft direkt an die Kundschaft zu bringen. In den Weinstuben mit ihren Holztischen und traditionell elsässischer Dekoration herrscht eine gemütliche Atmosphäre, weil sie häufig Treffpunkte der Stammkundschaft sind. Zu essen gibt es in erster Linie kleine Gerichte elsässischer Spezialitäten zu moderaten Preisen. Wie der Name schon sagt, ist der Wein das wichtigste Getränk, auf Bier oder Kaffee muß man verzichten.

Au Coin des Pucelles Eine nicht sehr große, aber traditionsreiche Weinstube, in der sich Künstler und Theaterleute gern sehen lassen. Unglaublich, was die winzige Küche alles hervorbringt.
12, rue des Pucelles
Tel. 88 35 35 14
So u. mittags geschl.
3. Kategorie

Chez Yvonne Das »Burjerstuewel« gehört zu den Institutionen der Stadt. Die Chefin kennt die meisten ihrer Stammgäste persönlich. Freie Tische sind eine Seltenheit, doch die Wartezeit läßt sich an der Bar bei einem Glas Weißwein bestens überbrücken.
11, rue du Sanglier
Tel. 88 32 84 15
So geschl.
3. Kategorie

Muensterstuewel In dieser netten kleinen Weinstube, die traditionelle Regionalgerichte auf der Speisekarte hat, ist bei deutschen Gästen das Wiener Schnitzel absoluter Renner. Sie sollten ruhig mal etwas anderes probieren: einen warmen Zwiebelkuchen, Schnecken auf elsässische Art oder einen deftigen Baeckeoffe, den Eintopf mit Hammel-, Rind- und Schweinefleisch.
8, place du Marché-aux-Cochons-de-Lait
Tel. 88 32 17 63
Sa u. So geschl.
3. Kategorie

Le Saint-Sépulcre Das berühmte »Hailich Graab« kennen die Straßburger genauso gut wie deutsche Besucher. Zu den tagsüber durchgehend servierten Spezialitäten des Hauses gehören Schnecken und Schinken im Teig.
15, rue des Orfèvres
Tel. 88 32 39 97
So u. Mo geschl.
3. Kategorie

Le Strissel Eine traditionsreiche Weinstube, die schon wegen des Lokalkolorits einen Besuch lohnt. Bei Fisch oder Hahn in Riesling lauscht man den Gesprächen der Händler aus den umliegenden Geschäften. Ein lebhafter Ort, an dem Sie mit etwas Geduld Elsässer kennenlernen können.
5, place de la Grande-Boucherie
Tel. 88 32 14 73
So u. Mo geschl.
3. Kategorie

Getränke und Speisenlexikon

Getränke
alcools: Spirituosen
bière: Bier
bière pression: Bier vom Faß
café au lait: Kaffee mit Milch
café crème: Kaffee mit Rahm
café décaféiné (déca): koffeinfreier Kaffee
café express: Espresso
café glacé: Eiskaffee
café liégeois: Eiskaffee mit Rahm
cassis: schwarzer Johannisbeerlikör
chocolat chaud: heiße Schokolade
chopine: halber Liter
cidre: Apfelwein
crémant: Perlwein
demi litre: halber Liter
eau: Wasser
eau gazeuse: Wasser mit Kohlensäure
eau minérale: Mineralwasser
eau de vie: klarer Schnaps
glaçons: Eiswürfel
infusion de camomille: Kamillentee
infusion de menthe: Pfefferminztee
jus de fruits: Obstsaft
jus de pomme: Apfelsaft
jus d'orange: Orangensaft
jus de raisin: Traubensaft
jus de tomate: Tomatensaft
kir: Weißwein mit Cassis
kir royal: Champagner oder Crémant mit Cassis
lait: Milch
lait entier: Vollmilch
limonade: Limonade
liqueurs: Liköre
panaché: Bier mit Limonade
pastis: Anisschnaps
quart: Viertel
thé: Tee
thé nature: schwarzer Tee
thé au citron: Tee mit Zitrone
thé au lait: Tee mit Milch
tisane: Kräutertee
verre: Glas
vin blanc: Weißwein
vin nouveau: junger Wein
vin doux: süßer Wein
vin en fût: Faßwein
vin léger: leichter Wein
vin maison: Hauswein
vin mousseux: Schaumwein
vin rosé: Roséwein
vin rouge: Rotwein
vin sec: trockener Wein

Speisen
agneau: Lamm
ail: Knoblauch
artichauts: Artischocken
asperges: Spargel

baeckeoffe: Eintopfgericht
baguette: langes Weißbrot
beurre blanc: zerlassene Butter
bœuf: Ochse, Rind
bœuf bourguignon: Rindfleisch nach Burgunderart (in Rotwein geschmortes Gulasch)
brioche: Hefegebäck
brochet: Hecht
brochette: kleiner Bratspieß

cabillaud: Kabeljau
calmar: Tintenfisch
canard: Ente
carottes: Karotten
carpe: Karpfen
carré: Rippenstück
cassoulet: Eintopf mit weißen Bohnen
céleri: Sellerie
cèpes: Steinpilze
cerises: Kirschen
charcuterie: Fleischwaren
châteaubriand: Filetsteak
chausson: Blätterteigtörtchen
chou blanc: Weißkohl
chou frisé: Wirsing
chou rouge: Rotkohl
choucroute: Sauerkraut
civet de lièvre: Hasenklein
clafoutis: Auflauf mit Obst
cochon de lait: Spanferkel
confit: Eingelegtes (meist Ente oder Gans)
confiture: Marmelade
coq: Hahn
coq au vin: Huhn in Wein
coquillages: Muscheln
cornichon: Gewürzgurke

côte: Rippenstück
côtelette: Kotelett
courgettes: Zucchini
couscous: Kuskus
crème chantilly: Schlagsahne
crèpe: dünner Pfannkuchen
crevettes: Garnelen
croissant: Hörnchen
croque Monsieur: überbackener Toast
croquette: Krokette
crudités: Rohkostsalate
crustacés: Krustentiere
cumin: Kümmel

daurade, dorade: Goldbrasse
délices: Köstlichkeiten
dessert: Nachspeise
diététique: Diät
dindon: Truthahn

échalote: Schalotte
éclair: Brandteiggebäck
écrevisses: Krebse
endives: Chicorée
entrecôte: Lendenstück
entrée: warme Vorspeise
épinards: Spinat
escalope: Schnitzel
escargots: Schnecken
estouffade: Schmorgericht

farci: gefüllt
fenouil: Fenchel
flageolets: junge weiße Bohnen
flambé: flambiert
flammekueche: eine Art Pizza mit Quark, Speck, Zwiebeln und Nüssen
foie: Leber
foie gras: Gänseleber
fonds d'artichauts: Artischockenböden
frais: frisch
fraises de bois: Walderdbeeren
framboises: Himbeeren
fromage (blanc): Käse (Quark)
fruits: Obst
fruits de mer: Meeresfrüchte
fumé: geräuchert

garni: mit Beilagen
gâteau: Kuchen
gaufrettes: Waffeln
gibier: Wild
gigot: Keule
girolles: Pfifferlinge
glace: Eis
gratin: Überbackenes, Auflauf
grenouille: Frosch
grillade: gegrilltes Fleisch
grillé: gebraten, gegrillt
griottes: Sauerkirschen
groseilles: Johannisbeeren

hachis (parmentier): Haschee (mit Kartoffelpüree, überbacken)
hareng: Hering
haricots blancs: weiße Bohnen
haricots verts: grüne Bohnen
herbes: Kräuter
homard: Hummer
hors d'œuvre: kalte Vorspeise
huile: Öl
huîtres: Austern

jambon: Schinken
– de Paris: gekochter Schinken
jarret: Haxe

laitue: Kopfsalat
langouste: Languste
langoustine: Taschenkrebs
langue: Zunge
lapin: Kaninchen
lard: Speck
légumes: Beilagen, Gemüse
lentilles: Linsen
lièvre: Hase

maquereau: Makrele
marcassin: junges Wildschwein
mariné: mariniert
marrons glacés: glasierte Maronen
matelote: Fischgericht
meunière (à la): Müllerin-Art
miel: Honig
morilles: Morcheln
morue: Kabeljau
moules: Miesmuscheln
mousse: schaumige Crème
moutarde: Senf
mouton: Hammel
museau vinaigrette: Ochsenmaulsalat
myrtilles: Heidelbeeren

navarin: Hammelragout mit Rüben
navets: weiße Rüben
noix: Walnuß
nouilles: Nudeln

œuf: Ei
œuf à la coque: weiches Ei
œuf dur: hartes Ei
œufs brouillés: Rühreier
œufs pochés: verlorene Eier
œufs russes mayonnaise: russische Eier
œufs sur le plat: Spiegeleier
oie: Gans
oignon: Zwiebel

pain: Brot
parfait: Halbgefrorenes
pâté: Pastete
pâte feuilletée: Blätterteig
pâtes: Teigwaren
pâtisserie: Kuchenbäckerei, Gebäck
pêches: Pfirsiche
perche: Flußbarsch
perdreau, perdrix: Rebhuhn
persil: Petersilie
petits pois: Erbsen
petit salé: gekochtes Schweinefleisch
piments: Pfefferschoten
plat du jour: Tagesgericht
poires: Birnen
poireau: Lauch
poisson: Fisch
poitrine: Brust
poivre (vert): (grüner) Pfeffer
poivrons: Paprikaschoten
pommes: Äpfel
pommes de terre: Kartoffeln
porc: Schweinefleisch
potage: Suppe
pot au feu: gekochtes Rindfleisch in Gemüsebrühe
poule: Suppenhuhn
poulet: Hühnchen
poussin: Küken
profiterolles: Windbeutel mit Schokoladensauce
purée de pommes de terre: Kartoffelbrei

quenelles: Klößchen
quiche Lorraine: Speckkuchen

râble de lièvre: Hasenrücken
raisins: Weintrauben
raisins secs: Rosinen
ratatouille: gemischtes Gemüse (Auberginen, Zucchini, Tomaten, Paprikaschoten)
rillettes: Pastete aus gehacktem, gebratenem Schweinefleisch
ris de veau: Kalbsbries
riz: Reis
rognons: Nieren
rôti: Braten, gebraten

saignant: blutig
sandre: Zander
sanglier: Wildschwein
sauce: Soße
saucisse: Würstchen
saucisson (sec): (Dauer-) Wurst
saumon: Lachs
sauté: geschmort
schiffala: geräucherte Schweineschulter
sel: Salz
selle: Rückenstück
semoule: Grieß
sole: Seezunge
sorbet: leichte Eisspeise
soubise: Zwiebelpüree
soufflé: Auflauf
steak (au poivre): (Pfeffer-) Steak
sucre: Zucker

tanche: Schleie
tarte (maison): Torte (eigene Herstellung)
thon: Thunfisch
thym: Thymian
tortue: Schildkröte
tournedos: Rindsfilet
tranche: Scheibe
tripes: Kutteln, Kaldaunen
truffé: getrüffelt
truffes: Trüffel
truite: Forelle

veau: Kalb
velouté: Crèmesuppe
vermicelles: Fadennudeln
viande (hachée): (Hack-)Fleisch
vinaigre: Essig
vinaigrette: Essig-Öl-Marinade
volaille: Geflügel

Feste – Festspiele – Messen

Die wichtigsten jährlichen Veranstaltungen in Straßburg sind kultureller Art. Hauptereignis der Saison ist zweifellos das Festival de Musique, das Straßburger Musikfestival, das 1988 seine 50. Ausgabe feierte. Der Ruhm, ältestes Festival der klassischen Musik in Frankreich zu sein, verpflichtet zu großen Namen. Seit der festlichen Taufe 1932 mit den Berliner Philharmonikern unter Wilhelm Furtwängler haben die bekanntesten internationalen Solisten und Orchester in Straßburg gastiert. Ein ähnliches Prestige möchte das moderne Musikfestival »Musica« erreichen. Seit 1983 werden mit viel Geld und Phantasie zeitgenössische Kompositionen im ungewöhnlichen Rahmen aufgeführt. Bisher wurden die Bahnhofshalle, das städtische Schwimmbad, ein Elektrizitätswerk und eine ausgediente Fabrikhalle zu Konzertsälen umfunktioniert.
Auf eine 16jährige Tradition blickt das Filmfestival der Menschenrechte zurück, das vom internationalen Institut für Menschenrechte organisiert wird. Gezeigt werden vorrangig Filme junger, noch nicht etablierter Regisseure, die sich mit den Menschenrechten im weitesten Sinn beschäftigen. Jedes Jahr wird ein besonderer Schwerpunkt gesetzt und ein Preis vergeben.
Noch unsicher ist die Zukunft des Europäischen Schriftstellerfestivals, das 1987 aus der Taufe gehoben wurde. Die Veranstalter bemühen sich darum, diesem Treffen überwiegend französischer Autoren und Leser einen breiteren Rahmen zu geben.
An der Foire Européenne, der europäischen Mustermesse, beteiligen sich zahlreiche Länder. Auch die Produkte der regionalen Wirtschaft, des Handwerks und die Gastronomie sind dabei vertreten.

Januar

Antiquitätenmesse Möbel, Teppiche, Schmuck und Gemälde aus allen Zeitepochen werden auf dem Messegelände angeboten.

März

Festival de Film des Droits de l'Homme (Filmfestival der Menschenrechte) Filme aus allen Erdteilen werden in mehreren Straßburger Kinosälen aufgeführt, dazu gibt es Vorträge und Diskussionsrunden mit den Regisseuren.

April

Foire de Printemps Frühjahrsmesse auf dem Messegelände Wacken mit Möbeln, Antiquitäten, Hausrat, Handwerk und Freizeitausrüstung. Ende April bis Anfang Mai.

Mai

Wettbewerb regionaler Theatergruppen Dabei kommen Kunstliebhaber und Fans der Alemannischen Sprache auf ihre Kosten. Kulturzentrum »Le Maillon«. 13, place André Maurios

Ein besonderes Erlebnis: Konzerte in historischen Gemäuern

Juni

Das **Festival de Musique de Strasbourg** bietet bis in den Juli hinein mehrere Wochen lang klassische Konzerte mit hochkarätigen Orchestern und Solisten. Dabei finden die meisten im Musik- und Kongreßpalast statt. Ein Erlebnis besonderer Art sind die Veranstaltungen im Münster: Orgel- und Chorkonzerte. Das Festival ist auch im Ausland bekannt und beim internationalen Publikum beliebt. Karten sollte man deshalb im Voraus bestellen:
Festival de Musique Internationale
24, rue de la Mésange
Tel. 88 32 43 10

Der **Sommeranfang** wird in ganz Frankreich mit einem **Musikfest** auf den Straßen gefeiert. Abends wird in Straßburg an allen Straßenecken musiziert. Jeder kann mitmachen. 21. Juni.

Jeden Sonntag um 10.30 Uhr werden im Hof des Rohan-Schlosses **Folkloretänze elsässischer Gruppen** aufgeführt. Der Eintritt ist frei. Juni bis Sept.

Juli

Foire Saint-Jean Ein großer Jahrmarkt auf dem Messegelände Wakken mit Achterbahn, Schaubuden, Wein- und Imbißständen.

Grande Braderie An einem Samstag im Juli verlagern alle Straßburger Geschäftsleute ihren Verkauf auf die Straße. Die Innenstadt ist dann überfüllt, und Menschenmassen schieben sich durch die engen Gassen.

Nationalfeiertag Die Militärparade am Nachmittag lockt viele Schaulustige an. Am Abend ist ganz Straßburg unterwegs, um das traditionelle Feuerwerk in La Petite France zu sehen. 14. Juli.

Joutes Nautique Das Schifferstechen ist ein alter Sport, der während des Mittelalters im ganzen alemannischen Raum ausgeübt wurde. Es findet heute noch einmal im Jahr auf der Ill vor dem Château de Rohan statt: Dabei fahren zwei Boote aufeinander zu, vorn steht jeweils ein Schiffer mit einer Lanze und versucht, damit den Gegner ins Wasser zu schubsen. Zwei Vereine in Straßburg trainieren noch für diesen Sport.
Mo u. Fr ab 20.30 Uhr im Juli und August.

August

Fête de la Bière Das Bierfest in der Bierstadt Schiltigheim ist eine feucht-fröhliche Angelegenheit. Da empfiehlt sich eine deftige Grundlage: Sauerkraut. Das Bierfest ist jedoch nicht nur etwas für Trinkfreudige und Trinkfeste, sondern bietet auch Kleinkünstlern und Musikgruppen Gelegenheit, ihre Kunst zu präsentieren. In Schiltigheim können Sie übrigens auch die Brauerei Kronenbourg besichtigen.
Führungen Mo–Fr 9, 10, 14 u. 15 Uhr
Tel. 88 29 90 00
67 300 Schiltigheim
Tel. 88 83 90 00

September bis Oktober

Musica Das moderne Musikfestival bietet eine breite Palette zeitgenössischer Klangkunst. Hier können Sie viele Uraufführungen erleben.

November

Festival Européen des Ecrivains Das Europäische Schriftstellerfestival bietet Bücherstände und versammelt Autoren zu Gesprächen, Diskussionsrunden und Lesungen in der Innenstadt.

Dezember

Der Christkindelsmärik Der Weihnachtsmarkt auf der place Broglie gehört zu den ältesten Weihnachtsmärkten Europas und bietet eine Fülle von Christbaumschmuck und originellem Kunsthandwerk. 1. bis 24. Dezember.

Sport

Sportlich gesinnte Straßburger spielen gerne Tennis oder joggen im Park der Orangerie. An den Ufern der Ill und ihren Nebenflüssen sitzen auch viele geduldige Angler, die trotz gegenteiliger Behauptungen immer noch zahlreiche Fische, darunter auch kapitale Karpfen und Hechte, aus dem Wasser ziehen. Die wildreichen Vogesenwälder laden zur Jagd auf Rotwild, Wildschweine und Kleinwild ein, und im Winter gehört der Skilanglauf zu den beliebtesten Freizeitbeschäftigungen. Über die verschiedenen Sportarten informiert das Haus des Sports:
La Maison des Sports
15, rue de Genève
Tel. 88 35 27 20

Fußball Das 1984 erbaute Fußballstadion ist bei wichtigen Spielen des städtischen Fußballclubs »Racing-Club de Strasbourg« bis auf den letzten seiner 43 000 Plätze besetzt. Wenn Sie die temperamentvolle Seite der Straßburger kennenlernen wollen, sollten Sie sich ein Fußballspiel nicht entgehen lassen.
Racing Club de Strasbourg
12, rue Extenwoerth
Tel. 88 34 12 18
Bus 6, 16, 26

Pferderennen Nördlich von Straßburg liegt eine Rennbahn, auf der zwischen März und November (nicht im August) mehrmals im Monat Galopp-, Trab- oder Hindernisrennen veranstaltet werden. Ein Ausflug lohnt sich alleine schon wegen der schönen Lage.
Eintritt: 25 F
Rennleitung:
Société des Courses Hippiques de Hoerdt
Tel. 88 51 32 44

Für Sportliche ein unvergeßliches Erlebnis: Radwandern im Elsaß

Der Spaziergang

Die schönsten Teile der Straßburger Innenstadt hat man in einem zwei- bis dreistündigen Spaziergang gesehen. Wir schlagen Ihnen einen Gang durch die Altstadt vor, der Kontraste miteinander verbindet. Er führt zunächst durch das belebte und beliebte Touristenviertel am Münster, dann eine wenig frequentierte Route am Flußufer entlang bis in das berühmte Gerber- und Müllerviertel La Petite France.

Der Gang beginnt an der **place du Corbeau**, wo man den Rabenhof, eine frühere Nobelherberge, besichtigen kann. Vom Mittelalter bis zum 19. Jahrhundert nächtigten hier berühmte Persönlichkeiten wie Marschall Turenne 1647 und König Kasimir von Polen 1669. 1740 quartierte sich Friedrich der Große ein, inkognito als Graf Dufour, und 1777 tauchte ein Graf Falkenstein auf, Kaiser Joseph II. unter falschem Namen. Über den **pont du Corbeau**, von dem aus im Mittelalter Verbrecher ins Wasser geworfen wurden, überqueren Sie die Ill und biegen rechts ab, vorbei an dem Arcaden-Café Montmartre (links) und dem Historischen Museum (rechts), das im Gebäude des Schlachthauses aus dem 16. Jahrhundert untergebracht ist. An der Ecke der **place de la Grande Boucherie** biegen Sie bei der Weinstube »Am Pfifferbriader« nach rechts in eine kleine Gasse, die über einige Treppenstufen zum Fluß hinabführt. Auf der **Uferpromenade** wenden Sie sich nach rechts und laufen unter dem **pont du Corbeau** hindurch. Zwischen den Fachwerkfassaden am gegenüberliegenden quai St-Nicolas fällt das gelb gestrichene Haus des Elsässischen Museums aus dem 16. Jahrhundert auf. Der Weg am Fluß entlang verläuft unter der **Holzterrasse der Ancienne Douane** hindurch, der mittelalterlichen Zollstation, die heute ein Restaurant beherbergt. Sie unterqueren nun den **pont St-Nicolas** und sehen am gegenüberliegenden quai die Kirche St-Nicolas, die heute Sitz eines Versammlungszentrums ist.
Weiter geht es unter der **Eisenbrücke St Thomas** und dem **pont St-Martin** hindurch. Rechts hinter dieser Brücke liegt das Jugendtheater Maison des Arts et Loisirs (MAL), das in einer umgebauten Kirche untergebracht ist. An der gegenüberliegenden Seite des Flusses sehen Sie das Restaurant »Au Pont St-Martin« mit einer schönen Holzfassade. Der Uferweg führt nun an der Schleuse vorbei (rechts halten), die die Ausflugsboote auf ihrer Rundfahrt passieren.
Sie kommen auf die **place Benjamin Six**, den Hauptplatz des Altstadtviertels La Petite France. Hier, unter schattigen Bäumen, kann man an einem der zahlreichen Restaurant-Tische eine Pause einlegen, den Menschentrubel beobachten und die Fassade der »Gerwerstub«, der **Maison des Tanneurs**, bewundern. Nach einem Gang durch die **rue du Bain-aux-Plantes** biegen Sie links in die **rue des Moulins**, wo vielleicht gerade die kleine Drehbrücke in Fließrichtung gewendet wird, um eins der vielen Ausflugsboote passieren zu lassen.
Sie kehren den gleichen Weg zurück, überqueren die **place Benjamin Six** und erreichen die **rue des Dentelles** mit ihren Restaurants, Antiquitätengeschäf-

Ein Idyll par excellence: Das Gerberviertel an der Ill

ten und dem Eiscafé »Cream Parfait« auf der linken Seite. Weiter geradeaus verlassen Sie die Fußgängerzone und folgen der **rue de la Monnaie** bis zur **place St-Thomas** mit der gleichnamigen, heute protestantischen Kirche aus dem 13. Jahrhundert. Im Inneren befindet sich das berühmte marmorne Grabmal des Marschalls Moritz von Sachsen aus dem 18. Jahrhundert und eine Silbermann-Orgel (1740), auf der der Urwald-Doktor und Bach-Spezialist Albert Schweitzer häufig spielte. Der Weg führt weiter durch die **rue des Serruriers** mit einigen interessanten Boutiquen bis zur dreispurigen **rue de la Division Leclerc**. Dort wenden Sie sich nach links und überqueren die Straße am Zebrastreifen, der direkt in die Fußgängerzone der **rue Gutenberg** führt, eine Straße mit vielen kleinen Boutiquen, die zum Konsum verführen. Sie erreichen die **place Gutenberg** mit der Handelskammer im Renaissance-Stil, dem Fremdenverkehrsbüro und dem Denkmal des Buchdruck-Erfinders. Wenn Sie sich schräg nach rechts halten und den Platz und die **rue du Vieux-Marché-aux-Poissons** überqueren, kommen Sie in die Fußgängerzone der **rue Mercière**, die direkt auf das Münster zuführt. Der Anblick der majestätischen Fassade verdient eine Pause auf einer der zahlreichen Terrassen am Münsterplatz.

Nach einem Café au lait oder einem Glas Wein wenden Sie sich nun nach rechts, biegen in die **rue du Maroquin**, laufen bis zur **place de la Grande Boucherie** und von dort zurück zur **Rabenbrücke**.

Dieser Rundgang dauert bei gemütlichem Bummeltempo etwa 90 Minuten, dazu müssen Sie die Besichtigungen des Rabenhofes und der Kirche St-Thomas rechnen.

Rechts: die engste Gasse in Straßburg: Das Haargäßlein – rue des Cheveux

Unten: Anlegestelle am Chateau de Rohan

Ausflug in die Umgebung

Wer etwas länger in Straßburg bleibt und auch die ländliche Umgebung erkunden möchte, findet in dem Naturpark der Nordvogesen zahlreiche lohnende Ausflugsziele, die weniger von Touristen überlaufen sind als die klassischen Besichtigungsorte im Nachbar-Departement Haut-Rhin. Dazu zählen die Hohkönigsburg, Colmar und natürlich die hübschen Dörfer an der Weinstraße wie Riquewihr, Kaysersberg oder Ammerschwir. In den Nordvogesen gibt es zahlreiche Burgen und Ruinen, die über schöne Wanderwege zu erreichen sind.

Burgruine Haut-Barr und Saverne Etwa 50 Kilometer nordwestlich von Straßburg. Zu erreichen über die nördliche Autobahn in Richtung Paris, Ausfahrt Saverne (Autobahngebühr: 9 F).
Man verläßt Saverne über die rue du Général Leclerc und gelangt nach fünf Kilometern in südwestlicher Richtung über die D 171 zum Parkplatz an der Burgruine (458 Meter). Die großartige Aussicht lohnt die Kletterei über 81 Stufen hoch zum Nordfelsen. Nicht umsonst nannte man die Anlage bereits im Mittelalter »Auge des Elsaß«. Sie haben einen Blick auf die Vogesenhöhen mit dem Einschnitt des Zorntales und können in der Ebene den schlanken Turm des Straßburger Münsters erkennen. Die Burg wurde im 12. Jahrhundert auf drei durch Treppen und Stege miteinander verbundenen Felsen erbaut. Die 200 Meter lange Anlage war Sommerresidenz der Straßburger Bischöfe und wurde 1632, während des Dreißigjährigen Krieges, zerstört. Auf der Rückfahrt empfiehlt sich unbedingt die Besichtigung der Rosenstadt Saverne (Zabern), der römischen Handelsstation Tres Tabernae. Die Stadt mit heute etwa 11 000 Einwohnern war ab 1704 Residenz der Fürstbischofe von Straßburg. Das prachtvolle Château des Rohan wurde von Kardinal Louis-René-Edouard de Rohan Guéméné errichtet, nachdem das Fürstenbergschloß 1779 einer Feuersbrunst zum Opfer gefallen war. Heute ist im Schloß ein Museum für Archäologie und Geschichte zu besichtigen. Lohnend ist außerdem ein Bummel durch die kleine Fußgängerzone mit Geschäften und Restaurant-Terrassen. Für die Rückfahrt nach Straßburg schlagen wir vor, statt der langweiligen und gebührenpflichtigen Autobahn die landschaftlich schöne N 4 (route Nationale) zu fahren. Sie führt über Wasselonne und Marlenheim durch den Stadtteil Königshoffen bis in die Innenstadt. Von dieser Strecke aus haben Sie den herrlichsten Blick auf das Straßburger Münster.

Le Donon Der Berg liegt 56 Kilometer südwestlich von Straßburg. Der 1009 Meter hohe Gipfel des Donon ist der am meisten besuchte Berg der mittleren Vogesen. Man erreicht ihn ab Straßburg über die südliche Autobahn in Richtung Colmar, Ausfahrt Molsheim, weiter über die N 120 nach Molsheim und durch das wunderhübsche Vallée de la Bruche (Breuschtal) nach Schirmeck. Von Schirmeck erreicht man

Haut-Koenigsbourg: die im 11. Jahrhundert gegründete Burg wurde unter Kaiser Wilhelm II. in historisierendem Stil wieder aufgebaut

auf der D 392 nach zehn Kilometern durch ansteigendes Waldgelände einen Parkplatz am Paß der »Hohen Donne«. Am Paß beginnt der Wanderweg Grand Randonnée 5, auf dem man in etwa einer Stunde zum Gipfel hochstapft. Bei klarem Wetter hat man vom Gipfelplateau eine herrliche Rundsicht (Orientierungstafeln) über die Rhcinebene bis zum Schwarzwald im Osten und zu den Seen der lothringischen Ebene im Westen. In gallo-römischer Zeit war der Donon ein wichtiges Heiligtum. Sein Name leitet sich von dem keltischen Wort »Dun« = Berg ab. 1869 errichtete man teilweise aus Steinfunden einen kleinen römischen Tempel auf dem Gipfel. Das Donon-Massiv bildet die Grenze zwischen Elsaß und Lothringen und zwischen elsässischer Mundart und dem Französischen.

8,5 Kilometer von Schirmeck entfernt erreicht man über Rothau das ehemalige deutsche Konzentrationslager Struthof, in dem etwa 10 000 Häftlinge umgebracht wurden. Die Baracken, Gaskammern, das Krematorium und eine kleine Ausstellung sind zu besichtigen. Oberhalb des Lagers wurde ein Mahnmal errichtet.

Struthof, Schirmeck
Tel. 88 97 00 02
Ganzjährig vor- und nachmittags geöffnet
Eintritt: 8 F (mit Führung)

Mont Sainte-Odile Der Odilienberg (763 Meter) mit dem Kloster der Schutzpatronin des Elsaß liegt 43 Kilometer südwestlich von Straßburg und ist ein klassisches Wallfahrts- und Ausflugsziel. Man erreicht den Odilienberg über die Autobahn in Richtung Colmar, Ausfahrt Obernai und weiter auf der N 422 bis zu der hübschen Ortschaft mit knapp 10 000 Einwohnern. Ab Obernai ist die 15 Kilometer lange Strecke durch die bewaldete Hügellandschaft bis zum Odilienberg gut ausgeschildert. An heißen Sommertagen ist dort oben die Luft um einige Grade kühler als in der Ebene (Jacke mitnehmen). Bei klarer Sicht blickt man über die Rheinebene bis zum Schwarzwald (Kniebis) und erkennt manchmal auch die Turmspitze des Straßburger Münsters. Sehenswert ist neben dem Klosterkomplex mit Pilgersälen, Herbergsräumen und drei Kapellen auch die über 10 km lange Heidenmauer, die um das gesamte Bergplateau führt und ein bedeutendes vorgeschichtliches Denkmal Frankreichs ist. Diese gewaltige Schutzanlage ist vermutlich keltischen Ursprungs. Nicht weit vom Hauptparkplatz vor dem Klostereingang entfernt beginnt ein schmaler Pfad, auf dem Sie in etwa 20 Gehminuten bergab die Odilienquelle erreichen. Die Elsässer nehmen davon gerne eine Flaschenfüllung mit nach Hause, weil dem Quellwasser heilende Wirkung bei Augenleiden nachgesagt wird. Die heilige Odilie kam um 660 in Obernai blind zur Welt. Die Legende besagt, daß das Mädchen bei seiner Taufe im Alter von zwölf Jahren sehend wurde. Ihr Vater, Herzog Eticho, wollte sie zu einer politischen Ehe zwingen. Odilie ergriff daraufhin die Flucht und entkam ihren Verfolgern, weil sich plötzlich eine Felswand auftat. Eticho kapitulierte vor dieser göttlichen Fügung und schenkte seiner Tochter reumütig seine Festung Hohenburg, den heutigen Odilienberg. Odilie gründete ein Kloster und wurde dessen erste Äbtissin. Zu einem Zentrum kultureller Gelehrsamkeit wurde das Kloster zwischen 1167 und 1195. Die damalige Äbtissin Herrad von Landsberg verfaßte den berühmten »Hortus deliciarum«, den »Garten der Wonnen« in mittellateinischer Sprache. Dieses mit farbigen Federzeichnungen und Miniaturen ausgestattete Handbuch des geistlichen und weltlichen Wissens ihrer Zeit ist eine sehr be-

deutende Handschrift des Mittelalters. Leider wurde das 648-Seiten-Opus beim Brand der Straßburger Bibliothek 1870 vernichtet.
Nach der Besichtigung der Kapellen mit den Sarkophagen von Odilie und ihren Eltern laden die Speisesäle des Klosters zu einem einfachen Menü ein. Auf der Rückfahrt (oder Hinfahrt) vom Odilienberg lohnt eine Kaffeepause in Obernai, wo Odilie geboren wurde. Bei einem Rundgang durch den mittelalterlichen Stadtkern sollten Sie sich den »Puits aux Six Seaux«, den »Sechseimerbrunnen«, genauer ansehen. Es ist ein wunderschönes Renaissancekunstwerk aus dem Jahre 1579.

Gestiefelt und bezopft: Trachtenfest im Nordelsaß

Am Abend

Die Abendgestaltung in Straßburg ist eine Sache für Kenner. Besucher meinen oft, in Straßburg sei »nichts los«, weil in den Hauptflanierstraßen nur wenige Pinten und Bars zu finden seien. Das stimmt. Die Einheimischen gehen abends in erster Linie ins Restaurant, ins Kino oder zu Musikveranstaltungen, aber anschließend durchaus auch in Bars und Diskotheken. Nur muß man diese gezielt ansteuern und kann sich nicht darauf verlassen, beim Gang durch die Gassen zufällig ein nettes Lokal zu entdecken. In der bürgerlichen Stadt Straßburg gibt es kein eigentliches »Amüsierviertel«. Bars und Diskotheken liegen verstreut in der ganzen Stadt, nur im Altstadtviertel Krutenau und in einigen Straßen hinter der Kathedrale in der Nähe der place St-Etienne liegen mehrere Lokale beieinander.
Allerdings empfiehlt es sich, nicht zu früh loszuziehen. Vor 23 Uhr ist nirgendwo Stimmung. Offizielle Sperrstunde ist 3.30 Uhr, danach wird hinter verschlossenen Türen weitergefeiert.

Bars/Jazz-Kneipen

Les Aviateurs Gehört zu den beliebtesten Bars der Stadt und ist manchmal ein Ort interessanter Begegnungen. Das Lokal wird deshalb auch gern von Singles besucht. Der Großteil des Publikums ist zwischen 20 und 30 Jahre alt.
12, rue des Soeurs (hinter der Kathedrale)
Tgl. von 18 bis 3 Uhr morgens

Bistro du Quai Hier bekommen Sie ein Glas Bier oder Wein mit Klavierbegleitung im Hintergrund. Es werden auch kleine Mahlzeiten serviert.
Mo bis Sa 11–1 Uhr morgens

Bistro Piano-Bar Sympathische Jazz-Kneipe, die für ihre interessanten Mixgetränke berühmt ist. An den Wochenenden finden hier häufig Live-Konzerte statt.
30, rue des Tonneliers (Nähe place Gutenberg)
Tgl. 17–3 Uhr morgens

Le Bouchon Ist ebenso schick eingerichtet wie die Leute angezogen sind. Hier können Sie Klavier- oder Jazzmusik hören. Man kann auch essen und im Sommer draußen sitzen. Die Autos parken in Doppelreihe, weil nebenan das ebenso beliebte »Festival« liegt.
6, rue St-Catherine, Krutenau
So geschl.

La Chambre des Metiers Nach deutschen Standards einzige, von einem Kollektiv geführte »Alternativ-Kneipe« mit Freaks, Punkern, Hippies, Zigeunern und Randexistenzen. Zeitungen und Comics, moderate Preise, laute Terrasse.
40, avenue des Vosges (nordöstlich vom Zentrum)
Tgl. 10–1 Uhr morgens

Chez Mick Wenn die pfeiferauchende, blonde Mick in ihrem Schwarzledernen die Tür öffnet, tritt man in eine schummrige Welt

Aida von Verdi in einer Inszenierung der Opéra du Rhin

von Gesprächen, Getränken und Georges Brassens. Es gibt Soleier und kleine Fast-Food-Happen. Ein ruhiges Lokal, bestens geeignet zum Ausquatschen, liegt aber weitab vom Schuß.
40, rue St-Erhard (Nähe route de Colmar südwestlich vom Zentrum); Neudorf
Mo–Sa ab 21 Uhr
Bus 6, 16, 26

Le Festival Geräumig und gepflegt, ähnlich wie Le Bouchon nebenan. In lauen Sommernächten herrscht auch auf der Terrasse Hochbetrieb.
rue Sainte-Catherine, Krutenau
tgl. 18–3 Uhr morgens

Le Funambule Verrauchte aber sehr beliebte Jazz-Kneipe mit grundsätzlich (sehr) guter Musik. Die Sonderkonzerte mit internationalen Jazzern und lokalen Größen schaffen den speziellen »New York-Krutenau«-Sound.
3, rue Klein (unweit der Rabenbrükke in der Krutenau)
Mo bis Sa 17–1 Uhr morgens

Le Nid d'Espion Kaum größer als ein Nest, mit viel Lack und flottem Stammpublikum. Wem's zu eng wird, geht zu »Les Aviateurs« schräg gegenüber.
3, rue des Soeurs
Tgl. 20–3 Uhr morgens

L'Oignon Uriger Treffpunkt für hungrige Nachtschwärmer, die nach Mitternacht Lust auf die berühmte Zwiebelsuppe des Lokals haben.
rue des Moulins, Petite-France
Tgl. 24–8 Uhr morgens

Le Trou Sympathisches Kellerlokal mit guter Stimmung und einem abenteuerlustigen Wirt, der schon die Chinesische Mauer entlangmarschiert ist.
5, rue des Couples (Nähe Rabenbrücke)
Tgl. 20–3 Uhr morgens

Le Waikiki Hier gibt es Rum-Cocktails in allen Variationen.
6, place de l'Homme-de-Fer (Treppe hoch)
Tgl. 17–1 Uhr morgens

Bars mit Hostessen

Man besucht diese Bars, um in animierender weiblicher Gesellschaft ein Glas oder eine Flasche Champagner zu leeren. Allerdings ist damit keine Garantie für ein weitergehendes Vergnügen verbunden. Vielleicht eher nach drei Flaschen Champagner ...

Michèle-Bar-Club Ist die populärste dieser Bars. Die Damen sind schön und anspruchsvoll, animieren aber diskret. Beachten Sie: jedes Vergnügen hat seinen Preis.
9, rue des Bataliers, Krutenau

Bar Club La Grange In rue de la Grange hinter der place Kléber wetteifern die Damen von drei Bars um die Gunst der Kunden (Le Marengo und Le Royalty's).
6, rue de la Grange

Diskotheken

L'Apollo Glitzer-Disco mit Kupfer und Chrom. Gute Tanzmusik, beliebt bei Teenagern.
1, rue du Miroir (Nähe place Gutenberg)
Di–So 22–5 Uhr

Le Chalet Größte Disco Ostfrankreichs (1 600 qm) mit zwei Discotheken (Solitair's Club mit Standardtänzen für über 25jährige), Restaurant, Pizzeria, Café und Spielsaal für fein angezogene Leute

(keine Jeans und Turnschuhe). Animations-Abende, viel Publikum aus den umliegenden Dörfern. Riesen-Parkplatz.
376, route de la Wantzenau (4 km nordöstlich vom Zentrum in Richtung La Wantzenau).
Di–Sa 22–3 Uhr morgens
Eintritt: 70 F

Charlies Nobel-Disco für die Schickeria, entsprechende Preise.
24, place des Halles
Tgl. 22–5 Uhr morgens
Eintritt: 60 F

La Péniche Die Disco im Rheinkahn hat Tradition und wird gern von schicken, reiferen Leuten der Szene frequentiert. Motto: Man zeigt was man ist.
Ponts Couverts; Petite France (hinter Terrasse Panoramique)
Mo–Sa 22–3 Uhr morgens

Kinos

Neue Filme aus den USA kommen in Frankreich generell früher als in der Bundesrepublik in die Kinos. In Straßburg laufen die meisten neuen Streifen aus Frankreich und dem Ausland zur gleichen Zeit an wie in Paris. Auch wenn die Zahl der Konosäle abnimmt, so sind die Straßburger, wie die meisten Franzosen, begeisterte Kinogänger. Deutsche Filme sind allerdings kaum zu sehen. Die Preise schwanken zwischen 30 F (Nachmittagsvorstellungen und am Montag) und 60 F (Abendvorstellungen). Ausländische Filme in Originalversion sind mit v. o. (version originale), synchronisierte Filme mit v. f. (version française) gekennzeichnet. Die Programme sind in der Tagespresse abgedruckt (außer montags). Die Abendvorstellungen um 20 Uhr sind häufig ausverkauft, während man um 18 Uhr fast allein im Kino sitzen kann. Die größten Kinos liegen in der Nähe der place Kléber.

Le Club Filmkunsttheater mit fünf Sälen und insgesamt 660 Plätzen. Sehr viele neue Filme werden in Originalversion mit französischen Untertiteln gezeigt, daneben auch viele Klassiker. Häufig lange Warteschlangen.
32, rue du Vieux-Marché-aux-Vins

Le Vox Supermodernes Kinozentrum im amerikanischen Stil mit fünf Sälen und 1100 Plätzen auf mehreren Etagen. Hochburg neuer und kommerzieller Streifen. Sie müssen meistens mit langen Warteschlangen rechnen.
17, rue des Francs Bourgeois

Musikleben

Das Musikleben hat in Straßburg durchaus Großstadt-Niveau. Höhepunkte der Klassik und Moderne sind das Straßburger Musikfestival und das Festival für zeitgenössische Musik.
Daneben führt das Philharmonische Orchester (Orchestre Philharmonique de Strasbourg) unter der Leitung des Österreichers Theodor Guschlbauer regelmäßige Konzerte mit bekannten Solisten auf. Guschlbauer ist seit 1983 künstlerischer Leiter der Straßburger Philharmoniker und Opernchef an der Rheinoper. Auf dem Konzertprogramm stehen regelmäßig Werke von klassischen deutschen und französischen Komponisten wie Beethoven, Mozart, Debussy und Saint-Saens, wobei auch die Moderne mit Werken von Bruckner, Mahler und Xenakis berücksichtig wird.
Die Rheinoper (Opéra du Rhin) wurde 1972 von den drei Städten Straßburg, Colmar und Mühlhausen als erste regionale Oper Frankreichs geschaffen. Die Gemeinschaftsproduktionen sind nach der Premiere in allen drei Städten zu sehen. Generaldirektor der Oper ist René Terrasson.

Etliche Koproduktionen, vor allem mit dem Badischen Staatstheater Karlsruhe, den Opernhäusern von Lyon und Paris und auch mit der Hamburgischen Staatsoper wurden mit großem Erfolg auf die Bühne gebracht. Die Opéra beschäftigt vom Gesangssolisten bis zum Beleuchter etwa 250 Menschen. Das Repertoire des Ballett-Ensembles (Le Ballet du Rhin) mit 40 Tänzern und Tänzerinnen ist auf beliebte Klassik wie »Schwanensee« und »Dornröschen« ausgerichtet. Hochgeschätzt bei Musikliebhabern sind die Kammermusikabende im Konservatorium (Conservatoire National), wo Studenten der Musikhochschule und Gastensembles auftreten. In den verschiedenen Kirchen der Stadt (im Münster und in der Kirche Saint-Thomas auf der Silbermann-Orgel) finden in unregelmäßigen Abständen Orgelkonzerte mit Werken von klassischen und modernen Komponisten statt.
Auch bekannte Jazz-, Pop- und Rockgruppen machen gelegentlich in Straßburg Station, wenn auch die ganz großen Namen Paris den Vorzug geben. Aufführungsorte sind die Hallen auf dem Messegelände Wacken, Hall Tivoli oder Hall Rhénus. Die aktuellen Programme sind in der Tagespresse oder der monatlich erscheinenden Informationsbroschüre »Strasbourg Actualités« enthalten. Für einen guten Sitzplatz muß man bei Konzert oder Oper etwa 100 F anlegen.

Conservatoire de Strasbourg Die Kammerkonzerte in dem mittelgroßen Saal mit guter Akustik sind selten ausverkauft, so daß man an der Abendkasse fast immer Karten bekommt.
7, place de la République
Tel. 88 36 55 02

Opéra du Rhin Opern werden entweder im städtischen Theater (Théâtre Municipal) oder im Palais de la Musique aufgeführt.
Théâtre Municipal
19, place Broglie
Tel. 88 36 43 41
Kartenvorverkauf: Mo–Fr 10–12.30, 16–19 Uhr

Palais de la Musique et des Congrès
avenue Schutzenberger
Tel. 88 35 03 00
Kartenvorverkauf für Gastspiele und Sonderkonzerte:
Musikhaus Wolf
24, rue de la Mésange
Tel. 88 32 43 10
F N A C
Place Kléber
Tel. 88 22 03 39

Orchestre Philharmonique de Strasbourg Gutes Orchester, das mit einem beachtlichen Programm aufwarten kann.
9, rue Brûlée
Tel. 88 22 15 60

Theater

Im Mittelpunkt des Straßburger Theaterlebens stehen die gefeierten Darbietungen des Théâtre National de Strasbourg (TNS). Doch daneben gibt es beachtliche andere kulturelle Angebote wie elsässische Regionalstücke und experimentelle Theateraufführungen. Der interessierte Gast kann in Straßburg Neuentdeckungen machen und - Sprachkenntnisse vorausgesetzt – in die regionale französische Kulturszene eintauchen. Das ist durchaus ein lohnendes Abenteuer. Leider hat das berühmte elsässische Kabarett-Theater »Barabli« (parapluie = Regenschirm) unter der Leitung des legendären Germain Müller nach 40jährigem Dauererfolg 1988 Schluß gemacht. In die

Über den mit Biberschwanzpfannen gedeckten Dächern von Staßburg

Fußstapfen des Satirikers ist der Sänger Roger Siffer getreten, der mit seinem Restaurant-Theater »La Choucrouterie« (Sürkrütstub) die elsässische Kulturszene prägt. Die Theater- und Konzertsaison beginnt meistens im Oktober und endet im Juli.

Centre Culturel »Le Maillon« Das Kulturzentrum der Stadt Straßburg existiert seit 1978 und bringt jedes Jahr über 300 Veranstaltungen auf die Bühne. Der außerordentlich aktive Direktor Bernard Jenny setzt seinem Programm dabei keine Grenzen. Theater, Konzert und Kino gehören dazu, Klassik und Avantgarde ebenso wie sowjetische Filmreihen, indische Tanzvorstellungen und Wettbewerbe französischer Regionaltheater. Der Theatersaal hat 600 Plätze, die Preise schwanken je nach Veranstaltung zwischen 80 und 120 F.
Centre Culturel Le Maillon:
13, place André Maurois
Strasbourg-Hautepierre (südliche Autobahn in Richtung Colmar, Ausfahrt Hautepierre)
Bus 7, 50
Reservierungen und Auskünfte: Mo–Sa 10–19 Uhr
Tel. 88 26 12 66 oder 88 26 16 66 und
F N A C
Place Kléber
Di–Sa 10–19 Uhr

Le Cheval Blanc Das »Weiße Rössl« im Vorort Schiltigheim ist Bierstube und Experimentierbühne zugleich. In dem hübschen Theatersaal mit 170 Plätzen wird eine breite Palette von Regionalkultur angeboten: neben Theater und Tanz auch Kabarett, Chansons, Jazz oder Kammermusik. In der traditionell eingerichteten Bierstube nebenan kann man zu kleinen Gerichten die Produkte der vier Schiltigheimer Brauereien durchprobieren, die die Nachbargemeinde Straßburgs zur »elsässischen Bierhauptstadt« gemacht haben.
Le Cheval Blanc
25, rue Principale
67300 Schiltigheim
Bus 4, 14, 24
Auskünfte und Reservierungen: Tel. 88 83 90 00
Abendkasse: Tel. 88 33 70 70
Eintrittspreise: etwa 50 F

La Choucrouterie Das kleine Theater, in einer ausgedienten Sauerkrautfabrik untergebracht, verdankt seinen Erfolg dem unermüdlichen Engagement des heiseren Lokalbarden Roger Siffer. Zusammen mit seinen singenden und schauspielernden Freunden der Lokalszene ist er (nach Germain Müller) zum Inbegriff des elsässischen Humors geworden. In der Sürkrütstub treten lokale Theater- und Musiktruppen auf, ebenso wie kleine Ensembles anderer französischer Regionen. Die Programme bestehen aus Chansons, Sketchen und Kabarett. Gefördert wird jede Regionalkultur, auch die der Basken, Bretonen und Berliner. Straßburger Lebensphilosophie vermittelt der Bäcker von nebenan, Louis Fortmann, der (fast) wahre elsässische Geschichten auf elsässisch erzählt. Nach der Vorstellung trifft man sich im Restaurant der Choucrouterie zum deftigen Mahl in fröhlicher Runde und macht weiter Theater.
20, rue Saint-Louis, Finkwiller
Auskünfte Tel. 88 36 07 28
Mo geschl.

Experimentier-Theater »Les Drapiers« Setzt der etablierten Bühnenkunst Phantasie und Improvisation entgegen. Die Truppe leistet sorgfältige und professionelle Arbeit und bringt auch mit geringen Finanzmitteln überzeugende Inszenierungen auf die Bühne. Auf teure und aufwendige Bühnenbilder wird verzichtet. Die bisherigen Pro-

duktionen reichen von Arrabal über Brecht bis hin zu Handke und Peter Weiss.
31, rue Saint-Louis Apffel
Tel. 88 36 67 49
Bus 10
Eintritt 30–50 F

Jugendtheater (MAL/TJP) Das vor zwölf Jahren gegründete Jugend- und Kindertheater in Straßburg hat auch im kulturell aufgeschlossenen Frankreich Seltenheitswert. Unter der Leitung des ehemaligen Schauspielers André Pomarat werden pro Jahr etwa 400 Vorstellungen für Kinder aller Altersgruppen, Familien und junggebliebene Erwachsene gegeben. Neben Eigenproduktionen kommen in den zwei Häusern des Jugendtheaters zahlreiche Stücke auswärtiger Ensembles zur Aufführung. Auf dem Programm stand bereits die Geschichte des Struwwelpeters, eine Kinder-Version von Mozarts »Zauberflöte«, und für die Älteren Stücke von Lewis Caroll und Dario Fo.
Auskünfte und Reservierungen: Maison des Arts et Loisirs (MAL, 200 Plätze)
1, rue du Pont Saint-Martin, La Petite France
Tel. 88 32 74 04
und
Théâtre Jeune Public (TJP, 380 Plätze), Krutenau
Tel. 88 35 70 10
Eintrittspreise bis 30 F

Théâtre Alsacien Das elsässische Theater ist der Vorläufer aller Dialekt-Truppen und wurde schon 1898 gegründet. Seitdem die Regionalkultur wieder stärkere Bedeutung erlangt hat, erfreut sich das Theater immer größerer Beliebtheit. Heute wird es nicht nur von alten Leuten besucht, sondern auch von jungen Elsässern und vielen Touristen. Auf dem Programm stehen vorwiegend heitere, mit derbem Humor gewürzte Bauerngeschichten – in reinstem Elsässisch, versteht sich. Von Verständnis-Schwierigkeiten abgesehen, eignet sich ein Besuch vorzüglich für regionale Mentalitätsstudien und die sollte sich kein Fremder entgehen lassen.
Auskünfte und Reservierungen: Théâtre Municipal (1200 Plätze)
Place Broglie
Tel. 88 36 43 41

Théâtre National de Strasbourg (TNS) Das TNS mit seiner renommierten Schauspielschule bringt in jedem Jahr eine Reihe bemerkenswerter Neuaufführungen heraus, zu denen auch deutsche Stücke (in französischer Übersetzung) gehören. Auch gefeierte Schauspieler wie Jeanne Moreau und Gérard Depardieu sind im TNS schon aufgetreten, worauf die Elsässer sehr stolz sind. Sie lassen sich keine Gelegenheit entgehen, um das zu betonen. Das TNS ist die einzige Provinzbühne Frankreichs, die vom Staat mit einem festen Etat subventioniert wird.
Der Theaterdirektor Jacques Lassalle bemüht sich mit Erfolg, frischen Wind in die regionale Theaterszene zu bringen. Mit großem Erfolg, das TNS ist gut besucht und weit über die Grenzen Straßburgs und des Elsaß' hinaus bekannt. Das Programm reicht von Marivaux und Goldoni über Strindberg und Lorca bis hin zu Stücken von Beckett und Heiner Müller. Um jedoch die wunderschöne, blumige Bühnensprache der Franzosen richtig genießen zu können, sind gute Sprachkenntnisse erforderlich – es sei denn, man möchte sich einzig am Klang der Worte berauschen.
Auskünfte und Reservierungen: 1, rue André Malraux
Tel. 88 35 63 60
Vorverkauf an der Kasse avenue de la Marseillaise
Mo–Fr 10–12 u. 15–19 Uhr
Eintrittspreise: zwischen 70 und 120 F

Hotels

Die über 70 Hotels in Straßburg haben etwa 3800 Zimmer. Für diesen Führer haben wir vorzugsweise Hotels im Zentrum oder in »guten« Stadtvierteln ausgesucht. Natürlich gibt es auch eine Reihe von Hotels in der Nähe des Bahnhofs, diese Gegend zählt jedoch nicht zu den angenehmsten der Stadt. Während der Sitzungswochen des Europa-Parlaments oder anderer Tagungen und Kongresse sind die meisten Hotels ausgebucht, deshalb empfiehlt sich die vorherige Reservierung.

Die in diesem Kapitel aufgeführten Hotels haben wir in folgende Kategorien eingeteilt (Preise gelten für ein Doppelzimmer mit Bad oder Dusche/WC. In Frankreich mietet man das Bett – egal, ob nun ein oder zwei Personen darin schlafen. Alleinreisende müssen deshalb fast immer den gleichen Preis bezahlen).

Kategorie L Luxushotel (trés grand confort): DZ zwischen 350 und 600 F.

Kategorie 1 Sehr komfortables Hotel (grand confort): DZ zwischen 250 und 600 F und mehr.

Kategorie 2 Hotel mit mittlerem Komfort (bon confort): DZ zwischen 160 und 350 F.

Kategorie 3 Einfaches Hotel (confort moyen): DZ zwischen 80 und 150 F.

Das Frühstück ist meistens nicht im Preis inbegriffen und kostet je nach Kategorie zwischen 20 und 40 F. Meistens schmecken frische Croissants und Kaffee im Café an der Ecke besser als im Hotel.

Cathédrale-Dauphin Liegt in der Fußgängerzone direkt gegenüber der Kathedrale. Die Einrichtung ist vornehm und chic mit Stilmöbeln aus dem 18. Jahrhundert und modernem Komfort.
12, place de la Cathédrale
Tel. 88 22 12 12
Kategorie L; 32 Zimmer

Au Cerf d'Or Ein schönes, etwas verwinkeltes Fachwerkhaus gegenüber dem Stadtarchiv und dem städtischen Krankenhaus mit komfortabel eingerichteten Zimmern.
6, place de l'Hôpital
Tel. 88 36 20 05
Kategorie 2, 16 Zimmer

Le Ciarus Ein internationales Empfangszentrum für Jugendgruppen nicht weit vom Zentrum. Verfügbare Betten in Einzel- oder Mehrbettzimmern werden auch an Individualtouristen vergeben.
7, rue Finkmatt
Tel. 88 32 12 12
Kategorie 3; 66 Zimmer

La Couronne Die Zimmer mit Neonbeleuchtung sind einfach, haben aber gekachelte Bäder. Zur Straße hin etwas laut, dafür zentral bei den Centre Halles gelegen.
26, Faubourg de Saverne
Tel. 88 32 35 45
Kategorie 2; 39 Zimmer

Ponts Couverts, die gedeckten Brücken, deren Dächer 1784 entfernt wurden

Au Cycliste Ein sehr einfaches, aber sauberes Hotel in der Krutenau, am Rande des Touristenstromes. Beliebt bei sparsamen Gästen der Universität.
8, rue des Bâteliers
Tel. 88 36 20 01
Kategorie 3; 18 Zimmer

Le Dragon In dem frisch restaurierten Fachwerkhaus aus dem 17. Jh. verbirgt sich eine durchgestylte moderne Innenausstattung in dezenten Grau-weiß-Tönen. Sehr komfortabel und ruhig gelegen beim Restaurant-Theater »La Choucrouterie« um die Ecke.
2, rue de l'Ecarlate
Tel. 88 35 79 80
Kategorie 1; 32 Zimmer

Ecluse du Rhin Im Grünen unweit des Europarates am Rhein-Marne-Kanal gelegen. Zimmer mit einfachem Komfort, nette Terrasse mit Restaurant.
50, quai Jacoutot
Tel. 88 61 15 77
Kategorie 2; 22 Zimmer

L'Europe Ein schönes Fachwerkhaus in La Petite France mit roten Samttapeten, modern ausgestatteten Zimmern und neu gekachelten Bädern. Komfortabel, die Zimmer zur Straße etwas laut.
38, rue du Fossé-des-Tanneurs
Tel. 88 32 17 88
Kategorie 2; 60 Zimmer

Formule 1 Direkt an der Europabrücke gelegen, neu und modern mit einfacher Ausstattung im Jugendherbergsstil. Der Empfang ist nur zu bestimmten Zeiten besetzt. Besitzer einer französischen Scheckkarte können sich Zutritt verschaffen, indem sie die Karte in ein Lesegerät am Eingang stecken, worauf sich die Tür automatisch öffnet.
55, route du Rhin
Tel. 88 61 47 46
Kategorie 3; 64 Zimmer

Le France Ein modern eingerichtetes Haus in der Innenstadt mit Garage und Plüschsesseln. Ruhige Lage und komfortabel.
20, rue du Jeu-des-Enfants
Tel. 88 32 37 12
Kategorie 1; 70 Zimmer

Gutenberg Zentral in der Nähe des Gutenbergplatzes gelegen mit schön eingerichteten Zimmern im elsässischen Stil. Ruhig und für die Preiskategorie sehr komfortabel.
31, rue des Serruriers
Tel. 88 32 17 15
Kategorie 2; 50 Zimmer

Hannong In der Nähe des Kleber-Platzes mit geräumigen, komfortablen Zimmern. Sehr ruhig mit eigener Garage, Restaurant und Wein-Bar.
15, rue du 22 Novembre
Tel. 88 32 16 22
Kategorie 1; 70 Zimmer

Hommelet Rouge Liegt an der Ill vor der Rabenbrücke und hat ein Restaurant im Erdgeschoß. Die Zimmer zur Straße sind lärmgeschützt und bieten einfachen Komfort.
2, quai des Bâteliers
Tel. 88 35 48 92
Kategorie 2; 20 Zimmer

Ibis Das moderne Hotel im Einkaufszentrum Centre Halles wird gern von Geschäftsleuten frequentiert.
1, rue de Sébastopol
Tel. 88 22 14 19
Kategorie 1; 97 Zimmer

du Jura Liegt unweit des Einkaufszentrums Centre Halles in einer Fußgängerstraße. Dieses Hotel ist bei Rucksacktouristen beliebt. Toiletten auf dem Flur, manche Zimmer haben Duschkabinen.
5, rue du Marché
Tel. 88 32 12 72
Kategorie 3; 20 Zimmer

Kléber Ein Hotel mit einfachem Komfort, direkt an der place Kléber gelegen.
29, place Kléber
Tel. 88 32 09 53
Kategorie 2; 32 Zimmer

Le Lutétia Liegt zwischen der place de Bordeaux und dem Zentrum. Die Zimmer sind komfortabel ausgestattet und zur Straße hin lärmgeschützt.
2, rue du Général Rapp
Tel. 88 35 20 45
Kategorie 2; 54 Zimmer

Moderne Ein modernes Hotel mit komfortabler Innenausstattung. Die Zimmer zur Straßenseite sind etwas laut.
1, quai de Paris
Tel. 88 32 07 33
Kategorie 2; 48 Zimmer

Des Princes Vornehm und ruhig, nicht weit vom Europarat gelegen. Die Zimmer sind groß und komfortabel.
33, rue Geiler
Tel. 88 61 55 19
Kategorie 1; 43 Zimmer

Des Rohan Ein prestigebewußtes Haus in der Fußgängerzone unweit der Kathedrale. Sehr aufmerksamer Service, individuell eingerichtete Zimmer mit Stilmöbeln und Klimaanlage. Hier nächtigen gern wichtige Persönlichkeiten.
17–19, rue du Maroquin
Tel. 88 32 85 11
Kategorie 1; 36 Zimmer

Le Scanna Befindet sich in der Nähe des ehemaligen Gerberviertels La Petite France. Das Hotel liegt in einer ruhigen kleinen Gasse und bietet modernen Komfort sowie einen 24-Stunden-Zimmer-Service.
7, rue de la Chaîne
Tel. 88 32 66 60
Kategorie 2; 24 Zimmer

Le Suisse Hinter schmalen Türen verbergen sich einige großräumige und stilecht eingerichtete Zimmer. Es ist das Lieblingshotel von Tomi Ungerer und unweit der Kathedrale gelegen. Mit gutem Restaurant und Terrasse.
4, rue de la Rape
Tel. 88 35 22 11
Kategorie 2; 25 Zimmer

Jugendherbergen (Auberges de Jeunesse)

In den zwei Straßburger Jugendherbergen können Inhaber eines deutschen oder internationalen Jugendherbergsausweises in Einzel- oder Mehrbettzimmern übernachten. Die Preise für Übernachtung mit Frühstück schwanken zwischen 60 F (Mehrbettzimmer) und 140 F (Einzelzimmer).

Auberge de Jeunesse (Parc du Rhin) Liegt im Rheinpark an der Europabrücke Kehl und wurde erst im März 1988 eröffnet. Der Empfang ist zwischen 7–24 Uhr besetzt.
rue des Cavaliers (Eine Hausnummer gibt es nicht, aber der Weg ist gut ausgeschildert)
Tel. 88 60 10 20
Bus 1, 11, 21

Auberge de Jeunesse »René Cassin« Die Unterkunft befindet sich mitten im Grünen im Viertel Montagne Verte etwa zwei Kilometer südwestlich vom Stadtzentrum entfernt. Der Empfang ist von 7–23 Uhr durchgehend besetzt und die Eingangstür in unüblicher Großzügigkeit bis 1 Uhr morgens geöffnet. Nächtliche Ausflüge sind also durchaus einmal möglich.
9, rue de l'Auberge de Jeunesse
Montagne Verte
Tel. 88 30 26 46
Bus 3, 13, 23

théâtre
à Strasbourg
SILEX
LE LOUP Y ÉTAIT...

Info

Auskunft

Fremdenverkehrsbüros:
Office Départemental du Tourisme du Bas-Rhin (für das Unterelsaß)
9, rue du Dôme
Tel. 88 22 01 02
Office du Tourisme
10, place Gutenberg
Tel. 88 35 57 07
Pavillon d'Accueil
Place de la Gare (im Bahnhof)
Tel. 88 32 51 49
Pont de l'Europe (Europabrücke)
Tel. 88 61 39 23
Im Sommer sind alle drei Büros täglich durchgehend von 8–19 Uhr geöffnet, im Winter Mo–Fr 9–12, 14–18 Uhr; Sa 9–12 Uhr

Informationstafeln Die elektronischen Informationstafeln der Stadtverwaltung an diversen Straßenkreuzungen informieren unter anderem über kulturelle Veranstaltungen und die Belegung der Tiefgaragen.

Informationsbroschüren Das Fremdenverkehrsbüro gibt einen monatlich erscheinenden Veranstaltungskalender »Strasbourg Actualités« heraus (empfehlenswert). Ferner ein jährlich erscheinendes Hotel- und Restaurantverzeichnis (Alsace–Hôtels–Restaurants). Einen ausführlichen Veranstaltungskalender mit Kinoprogrammen und »Szene«-Nachrichten enthält die wöchentlich erscheinende Broschüre »Hebdoscope«, die an Zeitungskiosken für 5 F zu kaufen ist.

Ärzte/Apotheken

Wenden Sie sich an die Hotelrezeption. Die meisten Apotheken sind über Mittag geschlossen. In der Tageszeitung sind die Bereitschaftsdienste der Apotheken (Sondergebühr für Nachtdienste) und die Notdienste der Ärzte aufgeführt.

Auto

Der Stadtverkehr ist zu den Bürozeiten (8 Uhr, 12 Uhr und zw. 17–19 Uhr) außerordentlich dicht, die Fahrweise französisch-flott und Parkplätze sind außer in den Parkhäusern kaum zu finden. Nur in den Sommermonaten Juli und August, wenn ganz Frankreich seine Autostaus an die Mittelmeer- und Atlantikküsten verlegt, verringert sich das Verkehrsaufkommen spürbar und steigt dementsprechend die Zahl freier Parkplätze. Verstöße gegen die Verkehrsregeln werden streng bestraft. Außerdem gibt es im Stadtgebiet zahlreiche Radarfallen.

Autoeinbruch und -diebstahl

Man kann nicht häufig genug warnen: lassen Sie keine Wertgegenstände offen im Auto liegen. Jugendliche Autoknacker brechen innerhalb von Sekunden Schlösser auf, schlagen Seitenscheiben ein und räumen von der angebrochenen Zigarettenschachtel bis zum Autoradio alles aus. Trotz verstärkter Polizeistreifen ist dieser Kleinkriminalität kaum beizukommen.
Bei Autodiebstahl oder -einbruch wenden Sie sich an das Hauptkommissariat. Dort sagt man Ihnen auch, ob Ihr verschwundenes Fahrzeug möglicherweise lediglich falsch geparkt und deshalb abgeschleppt wurde.
Commissariat Central
11, rue de la Nuée-Bleue
Tel. 88 32 99 08

In Straßburg sind selbst die Litfaßsäulen sehenswert

Falschparker

Täglich werden in der Innenstadt 20 bis 30 falsch geparkte Fahrzeuge abgeschleppt, die den Verkehrsfluß in den wichtigsten Straßen behindern. Die saftige Strafe und Abschleppgebühr von über 200 DM muß sofort entrichtet werden, um das Fahrzeug wiederzubekommen. Eine Taxifahrt zum Abstellgelände am Stadtrand kostet etwa 70 F.
Wenden Sie sich an das Hauptkommissariat:
Commissariat Central
11, rue de la Nuée-Bleue
Tel. 88 32 99 08

Tankstellen

In der Tagespresse sind die Tankstellen mit Nacht- und Sonntagsdienst aufgeführt. Durchgehend geöffnet ist:

Antar 50, boulevard de la Victoire (Nähe Esplanade)

Pannenhilfe (dépanneur-remorqueur) 24-Stunden-Dienst
2c, route d'Oberhausbergen
Tel. 88 27 11 11

Verlust des Autoschlüssels

STUTZ S.A.
12, rue de l'Epine
Tel. 88 32 41 42

Babysitting

»Allo Bébé« Baby- und Senioren-Sitterservice, etwa 35–40 F pro Stunde.
2, rue de Venderheim; Bischheim
Tel. 88 81 35 20

Halte-Garderies Das sind Kinderhorte, in denen man die Kleinen für einige Stunden unter Aufsicht lassen kann. Es gibt sie in fast jedem Stadtviertel. Am Abend vorher ist eine Reservierung erforderlich. Die Gebühr schwankt zwischen 10–20 F.
8, rue du Fossé-des-Treize
Tel. 88 32 45 21

Bootsvermietung

Um das Elsaß vom Wasser aus zu besichtigen, kann man Motorboote mieten, für die ein Kapitänspatent nicht erforderlich sind. Angeboten werden Mehrtagestouren auf der Ill und den Kanälen in 9 m langen Kabinenbooten für 4–6 Personen mit allem Komfort (eingerichtete Küche mit Geschirr, fließendem Wasser kalt/warm, Dusche, WC, Kühlschrank und Bettlaken).

Wochenendfahrt: 1400 F (zw. Okt. –April)
In der Hochsaison: 3100 F
Einwöchige Tour: 2400 F (zw. Okt. –April)
In der Hochsaison: 5600 F
Rundfahrten durch Straßburg in 4-Personen-Booten: 130 F pro Stunde
Information und Reservierungen:
Chemins Nautiques d'Alsace
M. Arbogast
B.P. 111
67300 Schiltigheim
oder
Péniche Espérance
Port du Canal
67300 Schiltigheim
Tel. 88 81 39 39

Camping

Das Fremdenverkehrsbüro gibt einen jährlich erscheinenden Campingführer heraus, der die Ausstattung der Plätze mit Sternen bewertet. Einen schönen Platz (****) unter alten Bäumen an einem Bach gelegen, finden Sie etwa drei Kilometer südwestlich vom Stadtzentrum entfernt. 8 F pro Person und 13 F für einen Stellplatz (Auto, Zelt) pro Nacht.
Vom 1. März–31. Okt.

Mit einem Spaziergang am Wasser entrinnt man der Hektik des Alltags

Camping Montagne Verte
Rue Schnokeloch
Tel. 88 30 25 46
Im südlichen Vorort Illkirch-Graffenstaden, etwa acht Kilometer vom Stadtzentrum entfernt, liegt ein zweiter großer Campingplatz (***) an einem See mit Bademöglichkeit. Die Preise liegen bei 10 F pro Person, 18 F für Stellplatz (Auto, Zelt) pro Nacht. Ganzjährig geöffnet.
Camping Plage de Strasbourg
1, rue de la Tour Haute
Illkirch-Graffenstaden (Autobahn Straßburg–Colmar, Ausfahrt Illkirch)
Tel. 88 39 03 40

Einreisedokumente

Erforderlich sind Reisepaß oder Personalausweis für einen Ferienaufenthalt von höchstens drei Monaten. Kinder unter 16 Jahren benötigen einen Kinderausweis, falls sie nicht im Paß der Eltern eingetragen sind.

Elsässisch-Kurse

Die Universität und die Volkshochschule in Straßburg bieten Dialekt-Kurse an, die häufig auch von »Innerfranzosen« aus beruflichen Verständigungsgründen besucht werden.
Institut de Dialectologie (Institut für Dialektwissenschaften)
Université des Sciences Humaines (Strasbourg II)
22, rue Descartes
Tel. 88 41 73 00
Université Populaire (Volkshochschule)
9, place de l'Université
Tel. 88 36 32 10

Feiertage

1. Januar, Ostermontag, 1. Mai, Christi Himmelfahrt (Ascension) und Maria Himmelfahrt (Assomption), Pfingstmontag, Allerheiligen, 25. Dezember.
Französische Feiertage: 8. Mai (Waffenstillstand 1945), 11. No-

vember (Waffenstillstand 1918), 14. Juli (Nationalfeiertag, Erstürmung der Bastille in Paris 1789).
Elsässische Feiertage: aufgrund der heute noch im Elsaß geltenden Gesetzgebung (droit local) aus der deutschen Kaiserzeit sind Karfreitag und der 26. Dezember (St-Etienne) ebenfalls Feiertage.
An diesen Tagen sind die Geschäfte und auch die meisten Restaurants geschlossen. An den zwei Sonntagen vor Weihnachten sind die Geschäfte in Straßburg geöffnet.

Fernsehen/Rundfunk

In Straßburg empfängt man neun Fernsehprogramme: die französischen TF1, Antenne 2, das Regionalprogramm FR3 Alsace, »La 5«, M6 und den beliebten Privatsender Canal + (mit Zusatzgerät), der aktuelle Spielfilme und mitternächtliche Pornofilme ausstrahlt. Ferner die drei deutschen Programme. FR3 Alsace sendet täglich Kultur- und Unterhaltungsprogramme auf elsässisch und um 19.10 Uhr eine regionale Nachrichtensendung.
Im Rundfunk wetteifern 32 öffentliche und private Sender auf UKW mit viel Popmusik um die Gunst der Hörer. Der staatliche Sender FR3-Alsace sendet um 7.15, 12.30 und 18.30 Uhr Regionalnachrichten in französischer Sprache.
Gut empfangen werden auch die drei Programme des Südwestfunks SWF 1 (93,5 MHz), SWF 2 (96,2 MHz) und SWF 3 (98,4 MHz).
Zu den beliebtesten Privatsendern, deren Senderadius 30 Kilometer nicht überschreiten darf, gehören »Europe 2« (89,5 MHz) mit viel Pop, internationalen und regionalen Nachrichten, »Top Music« (94,5 MHz), NRJ (88,7 MHz) sowie »France Info« (104,4 MHz) mit nationalen und internationalen Nachrichtensendungen rund um die Uhr.

Fundbüros
(bureaux des objets trouvés)

Zuständig für Fundsachen sind die Stadtverwaltung oder Polizeidienststellen. Wer etwas in Bahn, Bus oder Taxi liegengelassen hat, wende sich an die Dienststellen der staatlichen Eisenbahnen (SNCF) in den Bahnhöfen, an die Direktion des Busunternehmens (CTS) oder an die jeweilige Taxizentrale.

Bureau des Objets trouvés (Hauptkommissariat)
11, rue de la Nuée-Bleue
Tel. 88 32 99 08
Fundbüro der CTS (Stadtbusse)
14, rue de la Gare aux Marchandises
Tel. 88 28 90 80
Fundbüro der Taxis
Place de la République
Tel. 88 36 13 11
Alle Büros: Mo–Fr. 9–12, 14–18 Uhr, Sa 9–12 Uhr geöffnet.

Geld/Umtausch

Der französische Franc (F) ist in 100 Centimes unterteilt. Münzen: 5, 10 und 20 Centimes, ½, 1, 2, 5 und 10 F.
Banknoten: 20, 50, 100, 200 und 500 F.
Der Wechselkurs unterliegt je nach Konjunkturlage bei geringer Inflationsrate (3,5 Prozent) leichten Schwankungen. Zur Zeit bekommen Sie für 100 DM etwa 332 F.

Devisenvorschriften Alle Arten von Zahlungsmitteln dürfen in unbeschränkter Höhe bei der Ein- und Ausreise mitgeführt werden. Beim Geldumtausch von DM in F bieten die Banken in der Bundesrepublik häufig einen günstigeren Kurs. Obwohl in der grenznahen Stadt Straßburg auch deutsches Geld angenommen wird, empfiehlt sich aufgrund des günstigeren Kurses der vorherige Umtausch bei einer Bank.

Schecks Nach den zur Zeit gültigen Bestimmungen können Sie Eurocheques in DM oder Francs (Höchstbetrag 1400 F) ausstellen. Dabei wird häufig Paß oder Personalausweis verlangt. Die Gebühren bei französischen Banken oder Wechselstuben schwanken zwischen 10 und 25 F. Für Schecks fallen zusätzliche Kosten bei der deutschen Bank an.

Kreditkarten Sind in Frankreich fast ebenso populär wie in den USA. Die gebräuchlichsten sind Visa, American Express, Diners und Eurocard.

Öffnungszeiten der Banken Von Mo–Fr 9–12, 14–17 Uhr; die am Flughafen und Bahnhof von 9–17 Uhr.

Wechselstuben (bureaux de change) An der Europabrücke (neben dem Verkehrsamt). Tgl. 8–20 Uhr geöffnet.

Karten und Stadtpläne

Die beste Straßenkarte für das Elsaß gibt Michelin heraus: Carte Michelin »Vosges-Alsace Nr. 87« (Preis: 8 F).
Ein sehr guter, übersichtlicher Stadtplan mit deutschem Text, Straßen- und Buslinienverzeichnis ist der Plan Guide Blay, »Strasbourg et sa proche banlieu«, erhältlich in allen Buchhandlungen für etwa 25 F (Neuauflage Okt. 88).

Kinderspielplätze

Im Park der Orangerie gibt es mehrere Kinderspielplätze und eine kleine elektrische Eisenbahn. Zu Weihnachten führen hier Kinder für Kinder die Weihnachtsgeschichte auf.
Parc de l'Orangerie (gegenüber dem Europarat);
Parc de la Citadelle: hat einen sehr schönen Kinderspielplatz.

Konsulat

Außenstelle des deutschen Konsulats Nancy
15, rue des Francs-Bourgeois
Tel. 88 32 61 86

Linienbusse

Fahrscheine sind in Tabakläden oder beim Busfahrer erhältlich. Sie müssen im Bus per Stempelautomat entwertet werden. Ein einfacher Schein kostet 6 F. Vorteilhafter ist eine Fünferkarte (carnet) zu 21 F. Schwarzfahrer riskieren eine Strafe bis zu 110 F. Ein Verzeichnis der Buslinien erhalten Sie im Verkehrsbüro.
Auskünfte erteilt:
Compagnie des Transports Strasbourgeois (CTS)
14, rue de la Gare aux Marchandises
Cronenbourg
Tel. 88 28 20 30
Gare routière (Überlandverkehr)
Place des Halles
Tel. 88 32 36 97

Literatur

Bücher, die sich mit dem Elsaß und seiner Geschichte beschäftigen, nennt man »Alsatiques«. Wer Geschichtsforschung betreiben will, wende sich an das Stadtarchiv. Vorherige Anmeldung und ein Ausweis sind erforderlich.

Archives de la Ville de Strasbourg
8, place de l'Hôpital
Tel. 88 36 01 74
Archives de France et du Bas-Rhin
5, rue Fischart
Tel. 88 61 39 00
Bibliothèque Municipale
3, rue Kuhn
Tel. 88 32 82 78
Bibliothèque Nationale et Universitaire (BNU)
6, place de la République
Tel. 88 36 00 68

Quellenmaterial über das heute noch geltende elsässische Lokalrecht aus der deutschen Kaiserzeit befindet sich im:
Institut du Droit Local
8, rue des Ecrivains
Tel. 88 35 55 22

Mietwagen

Ein Mietwagen der Mittelklasse (Golf, Renault 11 oder Opel Kadett) kostet pro Tag zwischen 220–260 F, pro Woche zwischen 2500–3000 F und für ein Wochenende (Fr 12 Uhr bis Mo 12 Uhr) zwischen 550–650 F. Bei der Tagesmiete zahlt man zusätzlich pro Kilometer zwischen 3–4 F. Die Versicherung kostet zusätzlich zwischen 80–170 F. Empfehlenswert ist der Preisvergleich mit Autovermietern auf der deutschen Seite (in Kehl, Offenburg oder Freiburg). Achten Sie auf die Sonderangebote für das Wochenende.

Avis
Galerie Marchande, place de la Gare
Tel. 88 32 30 44
Europcar
31, rue de la Course (Nähe Bahnhof)
Tel. 88 22 18 00
Hertz
14, rue Déserte
Tel. 88 32 57 62
Am Flughafen:
Avis – Tel. 88 68 82 53
Europcar – Tel. 88 68 95 55
Hertz – Tel. 88 68 93 11

Notruf (appel ausecours)

Feuerwehr (pompiers): 18
Polizei (police): 17
Giftzentrale (Centre Anti-Poison): 88 37 37 37
Notdienst für Depressive/Telefonseelsorge
(SOS Amitié): 88 22 33 33
Notarzt (Service d'Aide Médicale d'Urgence, SAMU): 15

Polizei

Commissariat Central
11, rue de la Nuée-Bleue
Tel. 88 32 99 08

Stadtrundfahrt

Mit dem Bus Eine Rundfahrt durch die Stadt mit Gang durch die Fußgängerzone wird jeden Sonntag mit einem Führer organisiert. Dauer: 2 Std.
Treffpunkt: Verkehrsbüro am Bahnhof
Abfahrt: 9.30 Uhr
Preis: 80 F

Mit dem Mini-Zug Eine orangefarbene Bimmelbahn fährt durch die Altstadt, wobei per Tonband die Sehenswürdigkeiten erläutert werden. Dauer: 45 Minuten.
Treffpunkt: Place du Château
Abfahrt: von Mai–Okt. zw. 9.30 und 19 Uhr alle 30 Min.
Erwachsene 19 F; Kinder bis 12 J. 11 F

Rundflüge Um Straßburg herum (15 Min.) und über die Rheinebene (30 Min.).
Abflug: Flugplatz Polygone im Stadtteil Neudorf
Auskünfte und Reservierungen:
Aéroclub d'Alsace
Tel. 88 34 00 98
Preise: 15 Min.-Flug: 80 F
30 Min.-Flug: 145 F

Stadtrundgang durch die Altstadt zu Fuß (à pied) Unter der Leitung eines Führers. Dauer etwa 2 Std.
Juli und Aug. tgl. 10 u. 21 Uhr
Preis: 25 F, Kinder bis 12 J. frei
Treffpunkt und Kartenverkauf
Office du Tourisme
10, place Gutenberg

Taxi

Am Straßenrand auf ein vorbeifahrendes, freies Taxi zu warten, hat kaum Sinn. Man geht entweder zu einem Taxistand oder bestellt einen Wagen telefonisch. Eine Fahrt vom Bahnhof ins Stadtzentrum kostet zwischen 30–35 F, vom Flughafen etwa 150 F. Der Nachttarif liegt um 20 Prozent höher.

Taxizentrale
place de la République
Tel. 88 36 13 13 und 88 36 13 11
(rund um die Uhr)

Taxistände (stations de taxis):
- Palais de l'Europe
- place Arnold
- place de la Bourse
- place du Château (des Rohan)
- place de la Gare
- place de l'Hôpital
- place de la République

Telefon/Post

Von einer Telefonzelle aus kostet ein sechsminütiges Stadtgespräch zwischen 8–18 Uhr 1 F. Nachts und sonntags telefoniert man zum halben Preis. Für die Bundesrepublik und die Schweiz gilt der Einheitstarif von 4,50 F pro Minute, für Österreich 6,55 F. In der Nacht (21.30–8 Uhr früh) und an Wochenenden (ab Sa 14 Uhr) kostet eine Gesprächsminute in die Bundesrepublik und die Schweiz 3 F, nach Österreich 4,50 F. Preislich günstiger sind die Kreditkarten (Télécarte) für entsprechend ausgerüstete Telefonzellen. Es gibt Karten mit 50 (38,50 F) und mit 120 (92,40 F) Einheiten, die in jedem Postamt, Tabakgeschäft und am Bahnhof erhältlich sind. Ohne Münzprobleme telefonieren kann man in den Postämtern, wo man am Schalter »téléphone« das Gespräch bezahlt.

Rückruf In öffentlichen Telefonzellen mit einem Aufkleber (dunkelblaue Glocke) können Sie sich unter der in der Kabine angegebenen Nummer zurückrufen lassen.

Ferngespräche Erst Vorwahl Ausland: 19 (Brummton abwarten), dann Vorwahl Bundesrepublik: 49, dann Vorwahl der Stadt ohne »0« und die Nummer des Teilnehmers.

Postgebühren

Briefmarken sind außer in Postämtern auch in Tabakläden erhältlich.

Ansichtskarten: Bundesrepublik, Schweiz und Österreich 1,90 F;
Briefe bis 20 g: Bundesrepublik 2,20 F, Schweiz und Österreich 2,50 F.
Briefe über 20 g: 3,70 bzw. 5,60 F.
Päckchen bis 100 g: 4,20 F, bis 250 g: 8,20 F, bis 500 g: 12,20 F.

Öffnungszeiten der Postämter
Mo–Fr 8–18.30 Uhr, Sa 8–12 Uhr

Poste Centrale (Hauptpost)
5, avenue de la Marseillaise

Weitere Postämter:
- place de la Bourse
- place de la Cathédrale
- place de la Gare
- place des Halles

Telefonauskunft (renseignements téléphoniques): 12

Telegrammaufnahme (télégrammes téléphonés): 36 55

Weckdienst (réveil par téléphone): 36 88

Zeitansage (horloge parlante): 36 99

Tiere

Wollen Sie auch ihrem Hund Straßburg zeigen, dann brauchen Sie für ihn im Alter zwischen 3 Monaten und einem Jahr eine tierärztliche Bescheinigung über Impfung gegen Tollwut, Staupe und Hepatitis. Für Katzen ist der Nachweis der Schutzimpfung gegen Tollwut und Katzen-

seuche erforderlich. Für über ein Jahr alte Tiere wird generell nur Tollwutschutzimpfung verlangt. Die Mitnahme von Tieren unter drei Monaten Lebensalter muß von französischen Veterinärbehörden genehmigt werden.
Auskünfte erteilt der Deutsche Tierschutzbund
5300 Bonn
Tel. 0228/63 10 05

- place Broglie (eine neben dem Theater, eine zweite am Anfang der rue du Dôme)
- place du Château (unterirdisch, am Rohan-Schloß)
- place Kléber (unterirdisch)
- place du Marché-aux-Poissons
- Pont du Rhin (Verkehrsbüro an der Europabrücke)
- Terrasse Panoramique (Petite France)

Toiletten

Öffentliche Toiletten im Stadtgebiet sind teilweise bewacht oder mit einer Gebühr von 1 F zu benutzen.

- Bowling-Restaurant im Parc de l'Orangerie
- Kaufhäuser Printemps und Magmod an der place Kléber
- place Arnold (am Botanischen Garten)

Trampen

Die Rechtslage in der Frage der Haftung bei Unfällen, wenn ein Anhalter mit im Auto gesessen hat und verletzt wurde, ist kompliziert. Auf jeden Fall können sich Autofahrer von volljährigen Trampern einen Haftungsausschluß unterschreiben lassen. Dafür gibt es bei den ADAC-Geschäftsstellen ein Formularheft zu kaufen.

Trinkgeld

Flughafen/Bahnhof	
Gepäckträger	verlangte Summe aufrunden
Waschräume/Toiletten	1–2 F
Fremdenführer	5–10 F
Hotel	
Rechnung	inbegriffen
Gepäckträger pro Gepäckstück	2 F
Hotelpage, Botengang	5–10 F
Zimmermädchen pro Woche	10–20 F
Portier, Taxiruf	2 F
Essen aufs Zimmer	2 F
Restaurant	
Rechnung	normalerweise inbegriffen, sonst 10–15 Prozent
Kellner	10 Prozent
Garderobe	2 F
Toilettenpersonal	1–2 F
Tankstellenwärter	1–2 F
Taxifahrer	10–15 Prozent

Zeitungen

Die größte elsässische Tageszeitung ist die in Straßburg erscheinende (auch am So) »Dernières Nouvelles d'Alsace«, die auch in einer deutsch-französischen Ausgabe erscheint (Auflage: 230 000). Unter der Rubrik »Aujourd 'hui« sind im Lokalteil Notrufnummern, diensttuende Ärzte und Apotheken und Veranstaltungen des Tages aufgeführt.

Dernières Nouvelles d'Alsace
17–21, rue de la Nuée-Bleue
Tel. 88 23 31 23

Die zweitgrößte elsässische Tageszeitung »L'Alsace« (Auflage: 150 000) erscheint in Mühlhausen, ebenfalls mit einer deutsch-französischen Ausgabe.

L'Alsace
25, avenue Kennedy
Mulhouse
Tel. 89 43 99 44

Zoll (douane)

Aus EG-Ländern dürfen Personen über 15 Jahren Waren im Wert bis zu 780 DM ein- und ausführen (aus anderen Ländern 115 DM). Zusätzlich sind folgende Waren abgabenfrei:

	EG-Länder	übrige Länder
Alkoholische Getränke		
Wenn die Person mindestens 17 Jahre alt ist:		
Wein oder Spirituosen über 22 Prozent	1,5 Liter	1 Liter
Spirituosen unter 22 Prozent	3 Liter	2 Liter
oder Likörwein oder Schaumwein	3 Liter	2 Liter
und sonstiger Wein	5 Liter	2 Liter
Kaffee		
Wenn die Person mindestens 15 Jahre alt ist:		
nicht gerösteter oder gerösteter Kaffee	1000 Gramm	250 Gramm
Kaffeeauszüge	300 Gramm	100 Gramm
Tee		
Wenn die Person mindestens 15 Jahre alt ist:		
Tee	200 Gramm	60 Gramm
Teeauszüge	60 Gramm	40 Gramm
Parfüms und Toilettenwasser		
Parfüms	75 Gramm	50 Gramm
Toilettenwasser	0,375 Liter	0,25 Liter
Tabakwaren		
Wenn die Person mindestens 17 Jahre alt ist:		
Zigaretten	300 Stück	200 Stück
oder Zigarillos	150 Stück	100 Stück
oder Zigarren	75 Stück	50 Stück
oder Tabak	400 Gramm	250 Gramm

Auf Wunsch erhalten Sie bei den Zollämtern die kostenlose Informationsbroschüre »Urlaub, Tips für Ihre Ferienreise«.

Register

Bei der alphabetischen Einordnung wurden *au, d', de, des, du, l', la, le, les* nicht berücksichtigt. Wird ein Begriff mehrmals angeführt, verweist die **halbfett** gedruckte Zahl auf die Hauptnennung.

Lieferbare Titel »Besser Reisen«